AF563261

mesopartner monografías no. # 4

La Brújula de la Competitividad

Gestionar el desempeño del desarrollo territorial con éxito

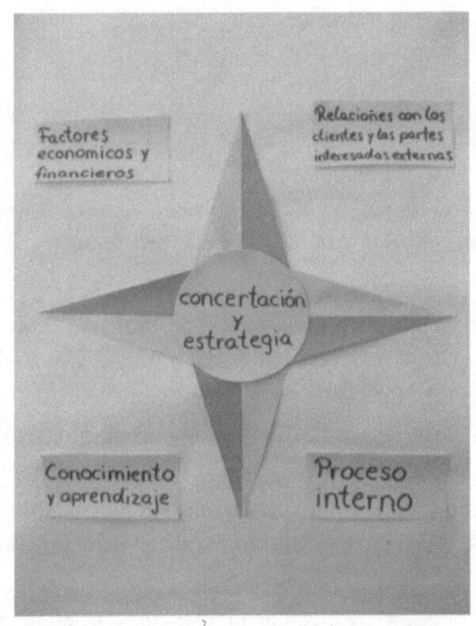

mesopartner

Duisburg / Buenos Aires 2009

Contenido

Lista de Abreviaturas:

AMRESAM	Asociación de Municipalidades de la Región San Martín
BID	Banco Interamericano de Desarrollo
BSC	Balanced Score Card
CMI	Cuadro de Mando Integral
DED	Servicio Alemán de Cooperación Social-Técnica
DEL	Desarrollo Económico Local
DER	Desarrollo Económico Regional
FAO	Food and Agriculture Organization (Organización de las Naciones Unidas para la Agricultura y la Alimentación)
FDE	Factor Decisivo de Éxito
GTZ	Cooperación Técnica Alemana
ICR	Indicador Clave de Rendimiento
IFC	Internacional Finance Corporation (grupo del Banco Mundial)
InWEnt	Internationale Weiterbildung und Entwicklung gGmbH (Capacity Building International, Germany)
M+E	Monitoreo y Evaluación
ONG	Organización No Gubernamental
ODEL	Oficina de Desarrollo Económico Local
PACA	Participación y Acción para la Competitividad desde Abajo
PBI	Producto Bruto Interno
POA	Plan Operativo Anual
REMURPE	Red de Municipalidades Rurales del Perú
ToT	Training of trainers (Capacitación de capacitadores)

Prefacio

Este libro es producto de un esfuerzo conjunto de varios colegas de la empresa consultora mesopartner, de la Cooperación Técnica Alemana (GTZ) y otros profesionales del Desarrollo Económico Local. Dr. Jörg Meyer-Stamer acogió una experiencia del trabajo con el Balanced Scorecard en iniciativas de clusters de Grant McKenzie, quién entonces trabajaba con Scottish Enterprise. Después Anja Rücker (entonces empleada de la GTZ) y Jörg Meyer-Stamer sistematizaron el instrumento en una primera guía, y lo aplicaron, en colaboración con el Programa de Servicios de Desarrollo Empresarial y Desarrollo Económico Local de la Cooperación Técnica Alemana GTZ, en Sudáfrica, bajo la dirección de Gabriele Trah. En América Latina, Wolfgang Demenus y Mauricio Espina fueron los primeros a utilizar la Brújula de la Competitividad Local en el proyecto "Región Activa" de la GTZ en el Sur de Chile. Ellos comparten sus experiencias en el capítulo 4. Aplicaciones más recientes fueron facilitadas por el Dr. Ulrich Harmes-Liedtke en Uruguay en dos iniciativas de promoción de clusters: PACPYMES de la Cooperación Europea y el programa PACC con soporte del Banco Interamericano de Desarrollo, así como por Anke Kaulard en Perú, en su actividad como cooperante del Servicio Alemán de Cooperación Social-Técnica (ded) para la Red de Municipalidades Rurales del Perú (REMURPE).

Los autores principales de este volumen son:

Ulrich Harmes-Liedtke, Doctor en Economía y Ciencias Políticas (Dr. rer. pol.), Socio-fundador de la empresa mesopartner y responsable de las consultorías en América Latina y el Caribe. Tiene 18 años de experiencia en investigación y asesoría en el desarrollo local y regional. Su especialidad es la capacitación y el asesoramiento de iniciativas de competitividad territorial, cadenas de valor y clusters. Sus clientes son agencias de cooperación internacional y organismos locales de desarrollo económico productivo. Reside desde 2003 en Buenos Aires, Argentina.

Anke Kaulard, Lic. en Ciencias Regionales de América Latina con especialización en ciencias políticas y economía. Consultora internacional independiente y fundadora de KauCo - Planificación y Acción Local Creativa, con siete años de experiencia en procesos de Desarrollo Económico Local y Desarrollo de Capacidades. Vive en Alemania y Perú. Es especialista en métodos, andragogía (enseñanza de adultos) y gestión del cambio. Trabajó como coordinadora de programas en InWEnt y asesora del DED en REMURPE. Realizó consultorías para diferentes organizaciones internacionales, entre otros IFC (grupo del Banco Mundial).

Independientemente de este libro se publica un manual del COMPASS (nombre de la Brújula en inglés) en lengua inglesa. Éste sigue la misma lógica, pero enfatiza en experiencias y ejemplos de Sudáfrica.

1 Introducción

1.1 ¿Para qué sirve la Brújula de la Competitividad?

La Brújula de la Competitividad Local es una herramienta para la gestión del desempeño en el desarrollo territorial / iniciativas de Desarrollo Económico Local y Regional. Se basa en el método del Cuadro de Mando Integral (BSC por su sigla en inglés Balanced Scorecard – CMI en castellano). Mientras que el CMI ha sido delineado para el uso en empresas y otras organizaciones, la Brújula está diseñada específicamente para atender las necesidades de las iniciativas de desarrollo (económico) territorial.

La Brújula de la Competitividad Local es una herramienta que ofrece

- Una evaluación de los resultados de actividades terminadas y en marcha,
- Una percepción esclarecida de la visión y de los objetivos del desarrollo territorial,
- Un proceso de alineamiento estratégico entre los actores involucrados en una iniciativa de Desarrollo Económico Local (DEL),
- La identificación de los Factores Decisivos de Éxito (FDE) de un programa o proyecto de desarrollo territorial y de las iniciativas especificas dentro de ese programa o iniciativa,
- La definición de los Indicadores Clave de Rendimiento (ICR) y metas específicas que se deben alcanzar,
- La definición de actividades específicas para alcanzar esas metas.

¿Qué es un Factor Decisivo de Éxito?

Son factores clave que hacen o frenan a una iniciativa DEL. Son las condiciones o los aspectos necesarios para el éxito de un proceso DEL.

1.2 ¿Quiénes participan en la Brújula de la Competitividad?

La experiencia nos ha mostrado que la Brújula puede ser elaborada de mejor manera en un taller participativo, con los actores locales bajo la guía de facilitadores con experiencia.

En general, la elaboración de una Brújula de Competitividad Local supone un grupo razonablemente representativo de participantes en torno a un proyecto o iniciativa de desarrollo territorial, y un facilitador[1] hábil y con experiencia en la aplicación de la Brújula. Supone, además, el compromiso de los participantes de modo que dispongan del tiempo necesario. Lograr que los actores realmente pertinentes participen en el taller es a veces un problema, y es una de las razones por las que la Brújula funciona particularmente bien en un proceso de desarrollo territorial fuerte que goza del soporte genuino de los participantes.

En concreto, la herramienta se aplica con actores locales del sector público y privado si se enfoca en el Desarrollo Económico Territorial. Es necesario que se trabaje con personas que tienen poder para tomar decisiones sobre el rumbo de la economía local. Deben participar funcionarios de alto nivel de los gobiernos locales y regionales, así como productores y otros empresarios con buenos conocimientos del territorio.

---

[1] Para facilitar la lectura del módulo y entendiendo que el rol del facilitador puede ser cubierto indistintamente por mujeres y hombres, utilizamos en el texto solamente la forma masculina. Esta regla se refiere también a otros términos utilizados en el documento, como "participantes", "funcionarios" y "empresarios".

También participarán representantes de las instituciones de apoyo, como las ONG o universidades.

En países con bajos niveles de descentralización, además es recomendable que participen representantes de los ministerios que pueden ser representantes regionales donde existe una estructura institucional desconcentrada.

En la planificación territorial se debe buscar una estrecha articulación entre la visión sectorial de los ministerios y la visión territorial de los actores públicos y privados locales para definir estrategias de fortalecimiento sectorial, subsectorial o de cadenas/ clusters más pertinentes a la realidad de los territorios.

Si la Brújula se aplica a una cadena de valor se deben invitar a los operadores de la cadena, así como a los representantes de los servicios e instituciones de apoyo.

En caso de la aplicación a un solo sector participan los empresarios involucrados y sus redes, así como las instituciones a nivel meso y posiblemente macro[2], como servicios de apoyo, gobiernos locales, direcciones regionales de ministerios, etc.

Para la elaboración de los Indicadores Clave de Rendimiento (ICR) es posible trabajar con un grupo reducido de personas con conocimiento en la procesos de PM&E.

---

[2] Para mayor información sobre el enfoque sistémico de la competitividad, por favor consultar la página web de mesopartner: www.mesopartner.com

1.3 ¿Cuándo y dónde se aplica la Brújula de la Competitividad?

¿En qué etapas del proceso de desarrollo territorial consideraría usted adecuado el uso de la herramienta Brújula de la Competitividad? La Brújula ha sido utilizada en cualquier etapa, aún desde el principio. Ha sido idealmente diseñada para el uso en una constelación en donde las actividades de desarrollo territorial se han ido dando por algún tiempo, digamos seis meses a un año. También puede ser utilizada en una etapa posterior, y es dable emplearla a un ritmo constante, digamos una vez por año, y año tras año.

La elaboración de la Brújula de la Competitividad Local puede ser el resultado de un solo taller. Sin embargo, si se requiere de un sistema integral de gestión del desempeño, cabría la opción de tener una secuencia de tres talleres. La duración total de un solo taller es de aproximadamente un día. La secuencia de los talleres puede incluso terminar dentro de una semana.

Antes de planificar un ejercicio para elaborar una Brújula local, el promotor (llamado: "anfitrión") del desarrollo territorial debe tomar decisiones estratégicas:

¿Cuánto nos interesa profundizar? ¿Queremos elaborar la Brújula en el nivel superior y el sector / conglomerado /niveles de cadena de valor, o queremos profundizar más, para también incluir las actividades / proyectos individuales? Y ¿hasta qué medida queremos formular los indicadores? Los participantes locales tienden a no sentirse muy entusiastas sobre la formulación y el monitoreo de indicadores, salvo que

funcionen en una cultura organizacional que ya ha adoptado el uso consistente de indicadores de rendimiento. En la mayoría de los casos, hemos visto que los participantes locales no están ni interesados ni tienen experiencia en la formulación de indicadores, de modo que sería conveniente involucrar sólo a aquellos participantes que están realmente interesados en la formulación de indicadores.

La organización para el ejercicio de la Brújula sólo puede proceder una vez que se responda a las preguntas mencionadas. Sólo en ese momento se tendrá claro quién debe ser invitado a los talleres.

1.4 ¿Por qué utilizar el enfoque basado en el Cuadro de Mando Integral para la gestión del desempeño en el desarrollo territorial?

Es un fenómeno difundido, tanto en países industrializados como en países en desarrollo, que el desarrollo territorial se realiza con poca preocupación por el monitoreo y la evaluación (M+E). Existe una serie de razones para esto:

Normalmente no es fácil hacer que las actividades de desarrollo territorial se muevan y, en particular, es un problema constante lograr la participación del sector privado en el desarrollo territorial y sustentar su participación. Consecuentemente, hay poco que monitorear, después de todo. Si hay actividades de desarrollo territorial que están avanzando, los interesados están tan ocupados en gestionarlas o en mantener su avance que hay poco tiempo y energía para un M+E adecuado.

Con frecuencia el desarrollo territorial se realiza de manera pragmática y ad hoc por lo cual el M+E resulta dificultoso. No es una producción o un proceso de prestación de servicios, como en una compañía, sino una secuencia o un trabajo emparchado de actividades individuales puntuales. Una vez que el problema ha sido resuelto, los actores no ven el punto en monitorearlo y evaluarlo.

Realizar el M+E toma tiempo y trabajo. Puede ser costoso, puede convertirse en burocrático y finalmente puede distraer de *hacer* realmente el desarrollo territorial. Dado el hecho que siempre hay limitaciones de tiempo y de presupuesto, los actores del desarrollo territorial a menudo prefieren dedicar los escasos recursos para hacer cosas, esperando que los éxitos hablen por si solos, y asumiendo que de todas maneras la gestión del desarrollo territorial implícitamente incluye el monitoreo.

En la mayoría de instituciones públicas encargadas del desarrollo territorial no existe un sistema de gestión por desempeño y resultados, los mecanismos de veeduría ciudadana sobre el uso eficaz y eficiente de los recursos públicos en la mayoría de países son incipientes, al igual que los procesos de rendición pública de cuentas. Esto hace que los incentivos para dedicar mayor tiempo y esfuerzos al M+E todavía suelen ser bajos (y se reducen al monitoreo operativo, es decir: de actividades y nivel de ejecución de presupuesto asignado).

Este es uno de los principales nudos críticos que enfrentan los espacios público-privados de coordinación y cooperación: la necesidad de flexibilizar los procesos al interior de la burocracia pública y transparentar la gestión. En el modelo tradicional, la planificación operativa y de presupuesto se da solamente al interior de la entidad pública, en los modelos contemporáneos de gestión territorial, surge la necesidad de generar sinergias interinstitucionales a través de procesos de planificación y gestión compartida entre entidades públicas, privadas, académicas. Es así que surge la necesidad por nuevos tipos de instrumentos que sirven este propósito, como la Brújula.

Viendo estas razones serias que van contra el M+E en actividades de desarrollo territorial, necesitamos argumentos muy convincentes para persuadir a los participantes en desarrollo territorial de hacer M+E de todas maneras. Algunos de esos argumentos son los siguientes:

Necesitamos historias de éxito convincentes sobre resultados sustanciales de desarrollo territorial para obtener apoyo sostenido, incluyendo fondos, para el desarrollo territorial. Solo conseguiremos historias de éxito documentadas si hacemos M+E.

El desarrollo territorial implica un proceso de ir aprendiendo mientras se va haciendo. El M+E nos da los medios para hacer que el aprendizaje implícito sea explícito, y por tanto transferible, de modo que con el tiempo la efectividad del desarrollo territorial mejora y las experiencias se vuelven transferibles entre las personas.

El M+E permanente y rotatorio nos permite tener la evidencia que nos ayudará a afrontar el problema 80/20, es decir, el hecho que a menudo gastamos el 80% de nuestro trabajo en actividades que sólo nos representan el 20% del resultado. El M+E puede ayudarnos a identificar y terminar con esas actividades que representan un ratio desfavorable trabajo/resultado y centrar nuestras energías en acciones con un ratio trabajo/resultado más favorable.

Cuando un proceso de desarrollo territorial resulta exitoso y realista, monitorearlo se convierte realmente en crucial, pues de otro modo habría una fragmentación, duplicación y posiblemente desmotivación, pues los actores no son conscientes de que realmente están logrando un avance permanente.

¿Por qué sugerimos aplicar un enfoque de Cuadro de Mando Integral (CMI) para el M+E en desarrollo territorial? La razón principal es que el CMI es superior a los marcos de gestión del desempeño convencionales. La elaboración y monitoreo de la Brújula es más eficiente y más balanceada. Además, y más importante aún, la Brújula es más que una herramienta M+E: la aplicación de la Brújula permite a los actores alcanzar diferentes objetivos con una sola actividad.

2 Conceptos básicos de la Brújula de Competitividad

El enfoque CMI fue desarrollado inicialmente por el Profesor S. Kaplan de la Escuela de Administración de Harvard y su consultor David P. Norton.[3] Ellos formularon el concepto teniendo en mente al sector empresarial. El CMI se basó en una simple observación: Los actores en las organizaciones se comportan de acuerdo a los incentivos que enfrentan, y los incentivos se forman por los indicadores de rendimiento que tienen que alcanzar. Si su rendimiento se mide por indicadores financieros exclusivamente, ellos optimizarán sus rendimientos con respecto a esos indicadores – aun si la optimización de corto plazo de los indicadores financieros va en detrimento del crecimiento potencial de largo plazo de la empresa. La idea estratégica del enfoque CMI fue introducir un conjunto más amplio, más balanceado, de indicadores del rendimiento, pues no es de un solo lado, viendo los indicadores financieros, sino incluyendo también otros indicadores más cualitativos como se debe abordar la perspectiva de crecimiento de la empresa.

La justificación para el uso del CMI en trabajos de desarrollo territorial público o privado sigue la misma línea de razonamiento. Los marcos de monitoreo de rendimiento convencionales para el desarrollo territorial tienden a ver los indicadores económicos de manera parcial, como es el crecimiento del PBI, el crecimiento empresarial, el rendimiento inicial y el crecimiento del empleo. El problema es que las iniciativas de desarrollo territorial que recién son puestas en marcha, toman algo de tiempo si se desea ver resultados sustanciales respecto de estos indicadores. Los indicadores hasta podrían deteriorarse a pesar de un proceso de desarrollo territorial dinámico, por ejemplo en una región que

3 Comenzando en 1992, Kaplan y Norton publicaron una serie de libros y artículos en la Revista Harvard Business que reflejan la evolución de su pensamiento.

sufre por el retroceso de las antiguas industrias, o en una situación donde las condiciones del marco macroeconómico sean adversas. El CMI tiene una perspectiva más amplia, que incluye indicadores cualitativos de desarrollo territorial exitoso. Desde la perspectiva pragmática, es importante observar que el CMI puede incluir una serie de indicadores que pueden ser mejorados en un corto plazo.

El propósito de un CMI para el desarrollo territorial es definir los Factores Decisivos de Éxito (FDEs) del trabajo de desarrollo territorial en general y de iniciativas/proyectos de desarrollo territorial específicos. También interesa encontrar los indicadores clave de rendimiento (ICRs) que les permita evaluar el impacto de su trabajo de desarrollo territorial y las actividades específicas. El propósito no es llegar a tener un juego complejo de indicadores estadísticos que significa mucho trabajo en recolectar y actualizar, sino un juego directo de indicadores que permitan evaluar el impacto del desarrollo territorial.

En enfoques anteriores (como en el caso de las organizaciones donantes de cooperación al desarrollo) los objetivos no realistas o no claramente definidos (como "El sector PYME se está volviendo más competitivo") eran relacionados con indicadores que se centraban principalmente en actividades en lugar de relacionarlos con el impacto. El CMI abre nuevos caminos para la definición de indicadores dirigidos al impacto, aún para factores intangibles.

2.1 ¿Cómo ha desarrollado mesopartner la Brújula basada en el Cuadro de Mando Integral?

La evaluación y el monitoreo fueron, durante mucho tiempo, una de las mayores debilidades de las iniciativas de competitividad territorial. Existía una discrepancia entre los objetivos a largo plazo y los avances concretos del día en día.

Una de las entidades de promoción económica que aplicó el Cuadro de Mando Integral a los Clusters y Cadenas de Valor fue la agencia de promoción económica de Escocia ("Scottish Enterprise"). Sabiendo que el CMI fue diseñado a nivel de la empresa, se requirió adaptarlo a la realidad de una red empresarial. Las redes empresariales son por cierto más abiertas y apuntan a producir externalidades colectivas, en vez de la simple maximización del beneficio individual.

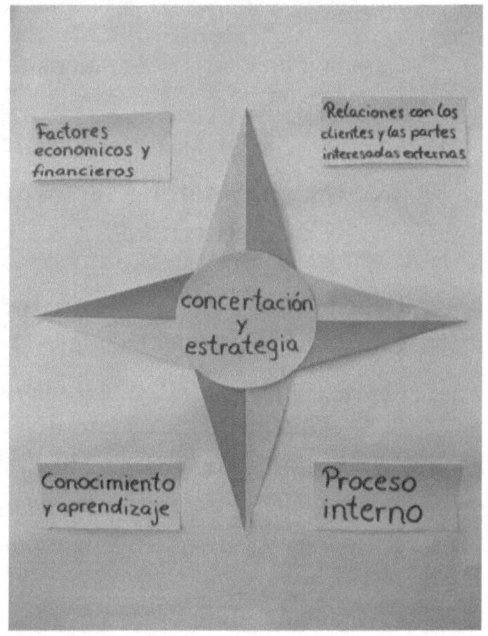

mesopartner añadió al instrumento la elaboración participativa. El formato básico es un taller de los actores involucrados en una iniciativa, quienes identifican los Factores Decisivos de Éxito de la misma.

La siguiente tabla resume las diferencias principales entre el CMI y la Brújula:

	Cuadro de Mando Integral	Brújula de la Competitividad Local
Objeto de la planificación	Empresa o corporación	Iniciativa de Desarrollo Económico Local, Cluster o Cadena de Valor
Foco estratégico	Planificación estratégica: misión, visión y objetivos estratégicos	Intención estratégica (inglés: *strategic intent*)
Perspectiva de resultados (= 4ª perspectiva)	Perspectiva financiera	Perspectiva socio-económica
Fuentes	Entrevistas	Elaboración participativa por los mismos actores
Apoyo técnico	Consultores	Facilitadores

Herramientas adicionales	Mapa estratégico	Computadora de papel
Duración de la elaboración	Semanas o meses	1 ó 2 días

2.2 ¿Cuáles son los factores clave de la Brújula de la Competitividad?

Dependiendo del contexto de aplicación de la Brújula de la Competitividad, los Factores Decisivos de Éxito varían. Es diferente analizar una sola empresa o institución como una Agencia DEL a aplicar la herramienta a una cadena de valor o, en el caso más complejo, a todo un territorio. Cuando se aplica la Brújula al desarrollo territorial, los actores invitados deben estar en un contexto real de cooperación, es decir que persiguen un objetivo común y trabajan juntos en redes.

El siguiente gráfico demuestra las diferentes posibilidades de aplicación del CMI y la Brújula:

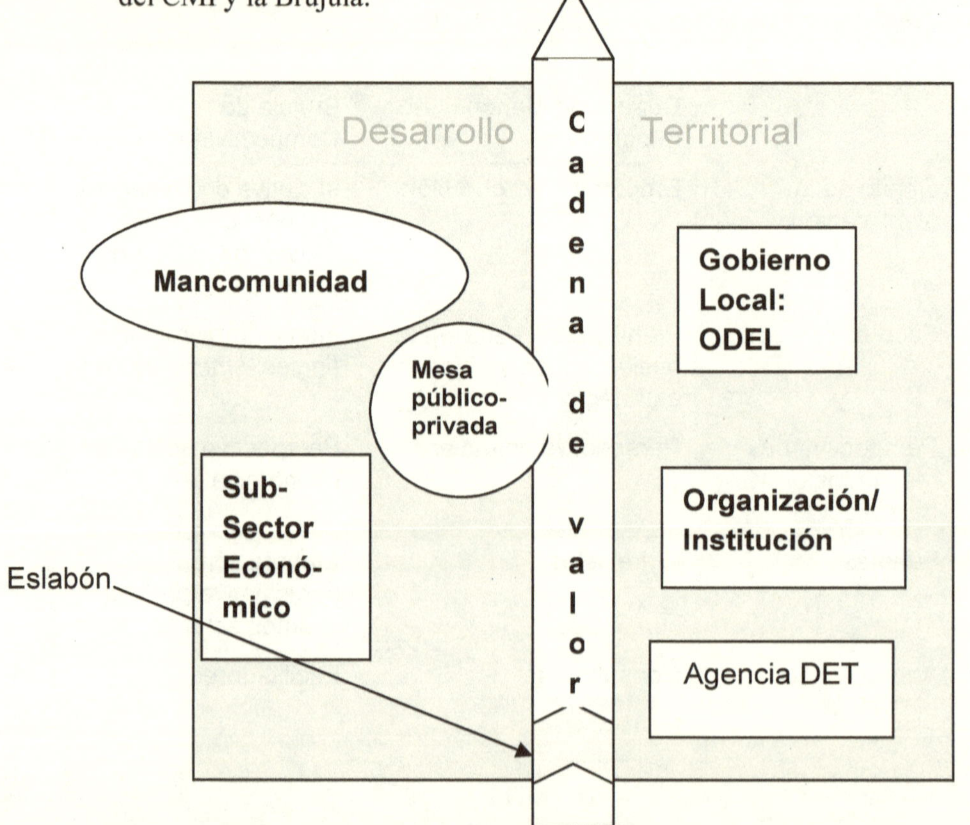

Dependiendo de cómo se quiere enfocar la Brújula, la perspectiva cambia. En seguida se explican las diferentes posibilidades de aplicación.

CMI – Aplicación a las empresas/organizaciones

El Cuadro de Mando Integral convencional, desarrollado para el uso en las empresas, considera cuatro tipos de factores:[4]

1. indicadores financieros Para tener éxito financieramente, ¿Cómo nos debieran ver nuestros accionistas?	2. la perspectiva del cliente Para lograr nuestra visión, ¿Cómo nos debieran ver nuestros clientes?
4. la perspectiva del aprendizaje y el crecimiento Para lograr nuestra visión, ¿cómo sustentaremos nuestra habilidad para cambiar y mejorar?	3. la perspectiva del proceso interno Para satisfacer a nuestros clientes y accionistas, ¿en cuál de los procesos empresariales deberíamos sobresalir?

El concepto CMI sugiere que abordemos estos cuatro factores en sentido contrario a las agujas al reloj: los incentivos correctos para el aprendizaje y crecimiento que nos llevarán a mejorar constantemente el proceso interno que va a satisfacer al cliente, de modo que tendremos un rendimiento financiero convincente como resultado final.

La Brújula de la Competitividad – Aplicación al Desarrollo Territorial

Cuando trasladamos el concepto CMI de un contexto empresarial al escenario del desarrollo territorial, lo presentamos como la **Brújula de la**

4 Kaplan, Robert S., & Norton, David P. (1996): The Balanced Scorecard. Boston: Harvard Business School Press.

Competitividad con cuatro factores centrales que son similares al CMI empresarial, pero mejor adaptados a la realidad del desarrollo territorial:

Resultados económicos y financieros (crecimiento, crecimiento empresarial, nuevos proyectos, empleo, ...) Impactos que queremos generar en nuestro territorio	Relaciones con actores externos Relaciones con otros participantes (interesados locales fuera del desarrollo territorial, inversionistas externos, clientes/turistas, agencias financieras,…) para tener éxito
La perspectiva del aprendizaje (armonización del entendimiento de desarrollo territorial, nivelación de expectativas, definición de roles, ...) Mejora de conocimientos, información para nuestros territorios	La perspectiva del proceso local (interacción entre actores centrales, patrón de gobierno, ...) Organización de procesos para garantizar su efectividad

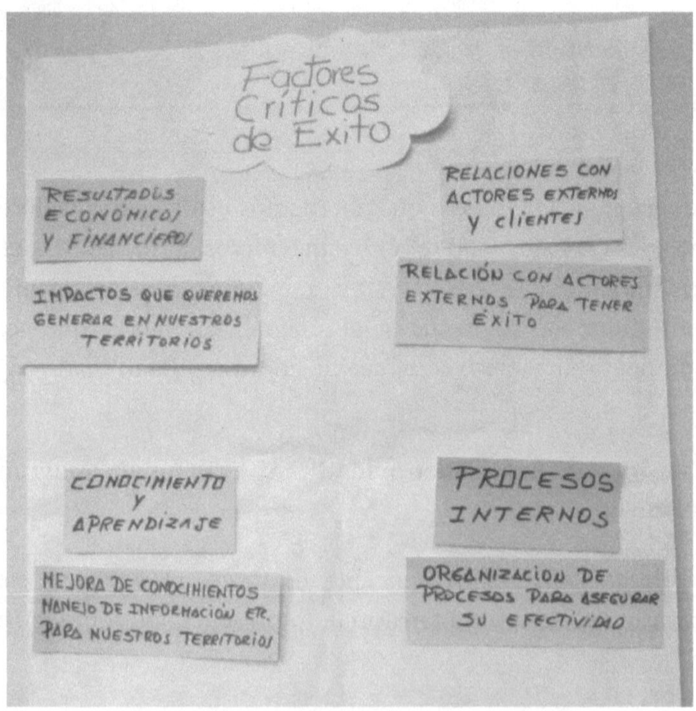

Una Brújula puede, y en realidad debe, ser elaborada no sólo para un trabajo de desarrollo territorial en su totalidad, sino también para los sectores específicos, cadenas o iniciativas de valor que son parte de un trabajo de desarrollo territorial dado:

Le puede interesar tener una Brújula de primer orden que aborde el trabajo de desarrollo territorial total en una localidad dada. En este caso, elabore los FDEs y los ICRs que aborden el proceso de desarrollo territorial global, en lugar del rendimiento de sectores específicos. Para este ejercicio, necesitará la participación de quienes toman decisiones políticas, pues son los que finalmente son responsables de fijar los objetivos que el trabajo de desarrollo territorial se supone debe alcanzar. Vale la pena repetir que la elaboración de una Brújula de primer orden sólo tiene sentido si usted tiene un proceso de desarrollo territorial real, es decir el entendimiento compartido entre los actores de que *existe un proceso de desarrollo territorial en la localidad* en lugar de *actividades de desarrollo sectoriales paralelas pero desconectadas.* Mientras los actores sólo estén interesados en sus respectivos sub-sectores, no es recomendable elaborar una Brújula a nivel superior. En casos en que se tiene, por ejemplo, una unidad de desarrollo territorial municipal (por ejemplo una Oficina de Desarrollo Económico Local - ODEL), la opción es elaborar una Brújula para esta unidad e invitar a unos cuantos participantes que representen diferentes sub-sectores para participar en la elaboración de esta Brújula.

La Brújula de la Competitividad – Aplicación a un sector económico, una cadena, conglomerado o una mesa temática público-privada

En el siguiente nivel, se elaboran las Brújulas para iniciativas específicas, se prepara un juego de Brújulas para el sector / conglomerado / cadena o mesa público-privada de valor específica. Cada una de ellas considerará las actividades de desarrollo territorial en el sector dado, conglomerado, cadena de valor o en torno al proyecto catalizador[5] estratégico. La

[5] Un "Proyecto catalizador" es una intervención con una fuerte influencia potenciadora y/o multiplicadora para la economía local, el cluster o la cadena de valor que se está

elaboración de la Brújula a nivel de sector / conglomerado / cadena de valor/mesa público-privada, crea la oportunidad para alinear las diferentes actividades en un sector dado hacia un objetivo compartido y un juego de indicadores de rendimiento. En este nivel se hace participar a empresarios, representantes de instituciones de apoyo, gente que se inicia en el desarrollo territorial y otros actores relevantes, pero no necesariamente del nivel político superior.

Es posible aún avanzar un nivel más y preparar una Brújula para cada actividad dentro de un sector dado, un conglomerado, una cadena de valor o mesa público-privada. Sin embargo, es mejor verificar si el tiempo y el esfuerzo dedicado están en proporción adecuada con la pertinencia del proyecto.

A nivel de sector, conglomerado, cadena de valor o mesa temática, la Brújula gana un fuerte enfoque empresarial. La concentración dirigida hacia un sector podría verse como sigue:

Resultados financieros (acceso a crédito, flujo de caja, ...) y resultados económicos (participación en el mercado, crecimiento, rentabilidad, ...) ¿Cuál es el resultado que necesitamos mostrar para mantener a nuestros accionistas, inversionistas, miembros y acreedores satisfechos?	Relaciones con actores externos ¿Cómo necesitamos interactuar con clientes, interesados en tener éxito en el mercado? ¿Cuáles son los servicios de soporte que necesitamos traer para mejorar nuestro rendimiento?
La perspectiva de aprendizaje (la superación de las compañías e instituciones de soporte, información de mercado, ...) ¿Qué podemos hacer para entender mejor a nuestras actividades comerciales y el ambiente donde opera?	La perspectiva del proceso local (interacción entre actores centrales, patrón de gobierno,) ¿Cómo debemos organizar nuestro proceso y trabajo de mejora dentro y entre empresas y organizaciones?

---

trabajando. Se dirige a la causa de raíz de los obstáculos al desarrollo, y no a los síntomas; destraba recursos y oportunidades de negocios; aborda cuestiones de las que no se ocuparán los emprendedores locales porque el riesgo es demasiado alto, el período de amortización demasiado largo o la utilidad inmediata demasiado escasa.

En la elaboración de las Brújulas, no sugerimos que se elaboren "mapas de estrategias" como lo plantean Norton y Kaplan.[6] Hemos visto que la causalidad unilineal que ellos sugieren no refleja la realidad de las interrelaciones y retroalimenta lazos entre FDEs en los diferentes cuadrantes, especialmente para las organizaciones o redes de actores que participan principalmente en la producción. En lugar de eso, sugerimos el uso de la herramienta 'computadora de papel' para analizar las interrelaciones entre FDEs e identificar los FDEs con el efecto de apalancamiento más fuerte.

EJEMPLOS DE APLICACIÓN

En el trabajo con la Brújula de la Competitividad en Perú se aplicó la herramienta al sub-sector turismo en Puno, a una iniciativa de desarrollo territorial en Montero/Piura, así como al nivel de organización en la DIRCETUR – Dirección Regional de Turismo, Comercio Exterior y Artesanía en Pucallpa/Ucayali. De igual manera, se aplicó a nivel de mancomunidades en la región Cusco, con enfoque en el desarrollo integral de los territorios. Queremos subrayar que la herramienta se aplicó en la Costa, la Sierra y la Selva del Perú.

En las tres regiones tuvo muy buena aceptación y provocó interés para seguir concretando la herramienta para un uso óptimo.

6 Kaplan, Robert S., & Norton, David P. (2000): Having Trouble with Your Strategy? Then Map It. Harvard Business Review Revista Harvard Business, No. 5, pp. 167-176.

La aplicación de Brújula requiere cierta "madurez" de la iniciativa DET en cuestión. Se recomienda la aplicación en procesos, dónde ...

- ...existe un entendimiento compartido entre los actores del sistema productivo (cómo funciona), sus fortalezas, debilidades, las oportunidades a ser aprovechadas para su fortalecimiento sostenible, así como los limitantes (factores exógenos) que lo dificultan en la actualidad. En esta etapa la Brújula podría servir como un instrumento estratégico de planificación, M+E.

- ...los actores – en base a los insumos anteriores – ya han formulado un plan de acción, pero tienen dudas sobre la pertinencia estratégica de sus acciones; el ejercicio de la Brújula entonces sirve como espacio para reflexionar conjuntamente sobre la pertinencia de las acciones que se llevan a cabo y para efectuar ajustes.

La Brújula puede aplicar entonces para procesos de planificación estratégica en iniciativas DET. Aquí es importante que la Brújula se inserte en un proceso sólido de análisis del respectivo sistema productivo (y que no tenga característica de un ejercicio aislado).

Igualmente sirve el uso a la Brújula para procesos de M+E de iniciativas DET en marcha, o validación / mejora de una estrategia en proceso de implementación. Esto no sustituye a la necesidad de un proceso de planificación estratégica, que se fundamenta en un análisis sólido del respectivo sistema productivo y que se refleja en una visión competitiva compartida a mediano plazo, objetivos estratégicos y ámbitos prioritarios de acción.

3 El paso-a-paso del taller de la Brújula de la Competitividad

3.1 Alternativas de secuencias para un taller de la Brújula

¿Cuáles son los pasos en un taller de la Brújula? Se trata de un formato altamente estructurado que puede ser aplicado fácilmente por facilitadores con algún entendimiento sobre desarrollo territorial.

El número de participantes no debería ser mayor a 25, para poder aplicar la herramienta debidamente. Grupos más grandes se deben subdividir, sobre todo en las Capacitaciones de Capacitadores (ToT). (Véase anexo 3 para la lista de materiales requeridos).

La estructura siguiente está concebida para un taller de una jornada a nivel del sector local, conglomerado o cadena de valor y fue aplicada a nivel internacional, sobre todo en Asia y África:

Paso	Objetivo	Actividad
Presentación de los participantes	Los participantes se conocen entre si	Ejercicio simple de mesocard: Nombre, organización, participación en el DEL
Explicar el objetivo del ejercicio	Asegúrese que cada participante entiende los dos objetivos: *.... cont.*	El Anfitrión local o el facilitador explica los objetivos. ¿De quién y de qué se trata exactamente? *.... cont.*

Paso	Objetivo	Actividad
	.... *cont.* monitorear el avance definir actividades	.... *cont.* Los objetivos se escriben en un 'papelógrafo' que permanece visible durante todo el resto del taller
Explicar la estructura del taller	Los participantes conocen la secuencia de las actividades del taller	Rápidamente repasar los pasos, no perderse en detalles
Explicar la Brújula	Los participantes entienden el método utilizado en el taller	Breve explicación oral complementada con representación visual de la Brújula
Marco: aclarar el objeto del ejercicio. ¿De qué hablaremos precisamente en este taller?	Definir dos puntos: ¿Qué exactamente es X? Aclarar los límites de X (sistema / entorno) ¿Cuál es nuestro foco? ¿Quién está involucrado en X? Aclarar la estructura de los actores (nosotros / ellos)	Colocar la información sobre el foco en el papelógrafo. Mantener el papelógrafo visible a lo largo de todo el taller. Anotar a los actores en mesocards, organizarlos como participantes internos / externos
Tratar las actividades y logros desde el ejercicio PACA o inicio de la actividad	¿Qué hemos hecho hasta el momento? ¿Qué hemos logrado hasta ahora (= resultado e impacto de las actividades)? (si es posible trate de mostrar datos) .... *cont*	Opción 1: los participantes salen al frente, los facilitadores anotan en el papelógrafo (puede ser más ágil) Opción 2: los participantes escriben en las tarjetas .... *cont*

Paso	Objetivo	Actividad
Revisión del marco	*.... cont.* Verificar el marco	*.... cont.* Chequear que el foco del ejercicio se defina correctamente. Si fuese necesario, hacer ajuste.
Aclarar la visión	Aclarar los objetivos generales del objeto de la Brújula	Lluvia de ideas Mesocard: ¿Cuál es el impacto / resultado / beneficio al que podemos aspirar con X?
Factores Decisivos de Éxito	Identificar los factores que hacen o frenan a X	Lluvia de ideas Mesocard: ¿Cuáles son Factores Decisivos de Éxito que determinan si X logra su misión? Organizar las tarjetas en los cuatro cuadrantes: Factores económicos y financieros Relaciones con clientes y actores externos Proceso interno, relaciones internas Conocimiento y aprendizaje Priorizar los FDE

Los siguientes pasos pueden realizarse siguiendo un orden diferente:

Lluvia de ideas sobre indicadores clave de rendimiento	Mida el avance en términos de abordar cada FDE *.... Cont*	Lluvia de ideas Mesocard, FDE por FDE (opción: dividir en grupos de trabajo) (Nota: proceder así en un taller sólo es recomendable si los participantes están familiarizados y se sienten bien con la definición de los indicadores, de otro modo, puede intentar delegar este paso al grupo central, es decir, a un grupo de trabajo pequeño de facilitadores con experiencia, mientras que en el taller se pasa directamente a la lluvia de ideas sobre actividades) *.... cont*

Paso	Objetivo	Actividad
Definición de metas y rendición de cuentas	*.... cont.* Colocar números a los indicadores, definir la responsabilidad es para el monitoreo	*.... cont.* Opción 1: Grupos de trabajo en el taller Opción 2: Delegado a grupo promotor, realizado en taller separado
Lluvia de ideas sobre actividades	Definir actividades relacionadas con cada FDE	Opción 1: lluvia de ideas Mesocard Opción 2: Relacionar las actividades en marcha con los FDEs, identificar brechas / falta de correspondencia Opción 3: herramienta 'computadora de papel´
Determinar responsabilidades	Las seis preguntas de Pfeiffer en cada actividad (ver descripción del método en el capítulo 3.3)	Continuación de la opción 1 del paso anterior

En principio, todos estos pasos pueden realizarse en un solo taller, aunque eso no es necesariamente una buena idea. La experiencia práctica ha demostrado que la definición de los ICRs es una actividad que a menudo no funciona bien en un taller, especialmente cuando los participantes tienen poca o ninguna experiencia con el concepto y la práctica de los indicadores. Además, muchos participantes tienden a no estar particularmente interesados en los indicadores. Tercero, en esa etapa, ya ha transcurrido varias horas de taller de la Brújula y los participantes tienden a estar cansados. Con el fin de mantener un flujo ágil, es preferible ir directamente a hacer la relación entre FDEs y actividades, en este caso, creando la matriz que coloca a los FDEs en uno de los ejes y las actividades en marcha en el otro eje.

Según la experiencia con la aplicación de la Brújula en América Latina, y específicamente en Perú, sugerimos la siguiente agenda para la aplicación de la Brújula de la Competitividad. Si se trata de una aplicación, un día de taller es suficiente. En caso de una Capacitación de Capacitadores (Training of Trainers), realizamos dos días de capacitación y una aplicación en situ.

Ejemplo programa Taller de Aplicación de la Brújula (1 día):

Programa del Seminario-Taller Montero		
Día	**Hora**	**Actividad /Metodología**
1	8:30 – 9:15	**Bienvenida y presentación de taller: nivelación de expectativas** **Presentación de objetivos, programa y metodología.** **Introducción al DEL y diferenciación del concepto**
	9:15 – 9:30	**Definición del foco:** **¿De qué exactamente se va a hablar?**
	9:30 – 10:00	**¿Qué hemos hecho hasta el momento?** **¿Qué hemos logrado hasta ahora (= resultado e impacto de las actividades)?**
	10:00 – 10:30	**¿Quiénes somos "nosotros", quiénes son "ellos"?** **- Mapeo de actores**

	Hora	Actividad /Metodología
	10:30 – 11:30	**Desarrollo de un objetivo DEL: ¿Cuál es el impacto/resultado que aspiramos en DEL?** **Revisión y priorización de objetivos relacionados al DEL para la mancomunidad de Señor Cautivo de Ayabaca** **- Trabajo en plenaria**
	11:30 – 11:45	Refrigerio
	11:45 – 13:00	**Insumo conceptual: Introducción al cuadro de mando integral y los Factores Decisivos de Éxito (FDE)** **Lluvia de ideas: ¿Cuáles son los FDE que determinan si la mancomunidad logra su misión en DEL?** **- Trabajo grupal**
	13:00– 14:30	Pausa de almuerzo
	14:30 – 16:30	**Ubicación de las actividades del POA según los FDE** **Definición de nuevas actividades estratégicas** **- Trabajo grupal**
	16:30 – 16:45	Refrigerio
	16:45 – 17:45	**Presentación de los resultados en plenaria, comentarios**
	17:45 – 18:00	Evaluación final y cierre de taller

En este caso, la elaboración de los indicadores fue asignada a un pequeño grupo de participantes para un momento posterior al taller.

VARIACIÓN: Dinámica del sistema

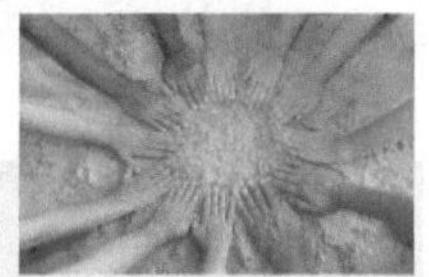

Se sugiere incluir una dinámica llamada el "juego del sistema" en la secuencia del taller, para sensibilizar a los participantes en cuánto al carácter sistémico de la economía local. Este juego está basado en los conceptos de Peter Senge[7].

Según la experiencia obtenida en el trabajo con la Brújula, es bueno que el facilitador salga con el grupo de participantes del aula y busque un parque o jardín para realizar la dinámica del sistema.

Reglas: El grupo forma un círculo y el facilitador da la instrucción que las personas deben mirar bien a todos los integrantes del círculo. Después, todos cierran los ojos y el facilitador indica que cada persona debe elegir a dos participantes y recordar sus caras. Después, los participantes abren los ojos y deben formar un triángulo equilátero con las personas (variación: deben colocarse directamente entre las dos personas, con distancias iguales), sin decir a quiénes han elegido. El sistema se empieza a mover y todo el mundo corre detrás de sus dos "victimas" para formar el triángulo.

El facilitador indica que el movimiento debe parar y que todos formen un círculo de nuevo. El facilitador hace preguntas al grupo sobre la dinámica, por ejemplo, ¿Quién sabe quién le sigue? o ¿Les parece difícil lograr su meta? Después se realiza una segunda ronda de movimientos para lograr el objetivo. En seguida, el facilitador pregunta si hay personas que creen que nadie les sigue, les saca del círculo y les coloca en las

---

[7] Para aprender más sobre el desarrollo organizacional con enfoque sistémico, véase, Peter Senge, The Fifth Discipline: The Art and Practice of the Learning Organization, 1990 (primera edición)

esquinas más lejanas. Solamente estas personas se mueven ahora y normalmente otras personas del círculo se mueven también para formar el triángulo con ellas. Es muy poco probable que existan personas que no son seguidas.

El juego se repite varias veces y después se cierra la dinámica con una ronda de comentarios e interpretaciones. Se hace una transferencia mental de la dinámica al tema de Desarrollo Económico Territorial. Se aplica el principio del aprender haciendo.

Posibles aprendizajes:

Todos dependen mutuamente en un sistema. Si un elemento se mueve, este elemento tiene un efecto en los demás y causa movimiento.

El sistema es dinámico y complejo, no es fácil de entender.

Pequeños cambios en el sistema pueden tener grandes efectos.

Una intervención en el sistema tiene efectos complejos más allá de la intención que la motivó.

Hay ciertas reglas en el funcionamiento del sistema que se pueden observar.

3.2 Recomendaciones desde la práctica

DEFINIR BIEN EL FOCO

Para aplicar la metodología de la Brújula con éxito, es esencial que al principio se estipule bien el foco del ejercicio, y que se definan los límites del sistema.

Hay que diferenciar entre objeto y foco del análisis. Si objeto de la aplicación de la Brújula es un territorio o un sistema de producción (cadena, cluster, etc.), el foco es entonces una iniciativa concreta de coordinación o cooperación que agrupa varios actores e instituciones en torno a intereses comunes y objetivos.

Se recomienda revisar conjuntamente con los participantes del proceso DEL el foco que se quiere utilizar porque los resultados dependen mucho de cómo enfocamos el análisis.

En seguida, damos ejemplos de la práctica en cuanto a la definición del foco de análisis:

A) Foco del ejercicio: Mancomunidad Willkamayu, Región Cusco

B) Foco del ejercicio: Oficina de Desarrollo Económico Local de Montero, Región Piura

C)

Foco del ejercicio: Sub-sector Turismo en la región Puno

D)

Foco del ejercicio: Dirección Regional de Turismo, Comercio Exterior y Artesanía, Gobierno Regional, Región Ucayali

Ejemplo de la práctica: Mapeo de actores

Para aclarar o recordar el foco del sistema se recomienda un ejercicio de mapeo de actores al inicio de un taller con la Brújula. Para mapear los actores y aclarar su estructura y relaciones, se realiza una lluvia de ideas con los participantes respecto a la siguiente pregunta motivadora:

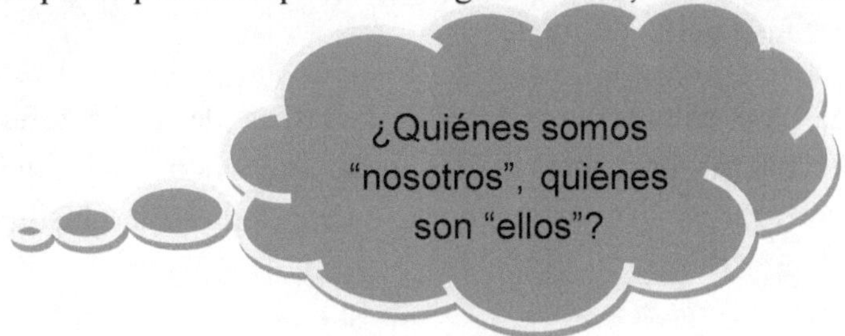

Los resultados de una aplicación práctica de la Brújula se muestran en seguida:

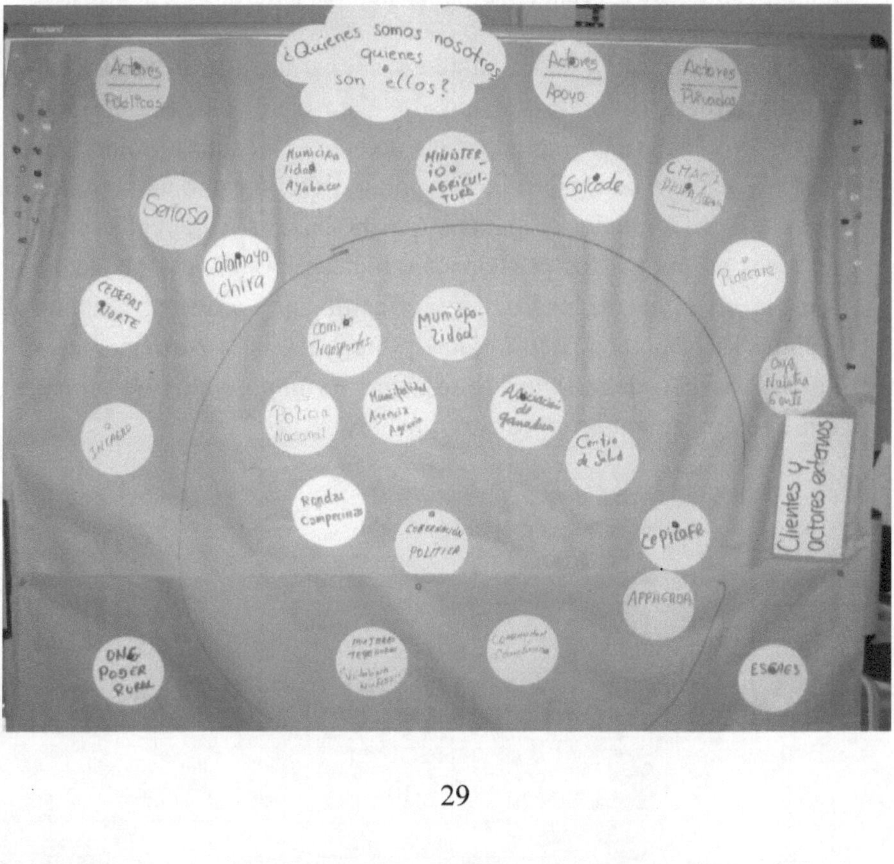

Para este ejercicio se usó la siguiente simbología:

= actor público

= actor privado (empresarial)

= institución de apoyo

Mediante los colores se aclarecen los roles de los actores, ya que normalmente al principio existe cierta confusión sobre quiénes son actores privados y qué instituciones se consideran como instituciones de apoyo.

Además, este paso es necesario para poder avanzar en un paso posterior con la identificación de los Factores Decisivos de Éxito: se define, quiénes somos "nosotros" (cuadrante referido a los procesos internos) y quiénes son "ellos" (cuadrante de los actores externos y clientes).

Procedimiento: Cada participante escribe su institución en una tarjeta y se ubica fuera o dentro del círculo. Este ejercicio es interesante para saber cómo es la percepción de los actores en cuanto a la identificación con la iniciativa de Desarrollo Económico Territorial o Cadena de Valor. Después, el facilitador pregunta: ¿Quiénes faltan? y se realiza una lluvia de ideas en la cual los participantes indican en voz alta los actores que todavía no están mapeados. Un co-facilitador escribe el nombre de la institución mencionada en tarjetas y pregunta a los participantes en qué color y tamaño debe figurar este actor. Es importante que el mapeo se arme conjuntamente con los participantes.

IMPORTANTE: Definir bien el objetivo

Es importante que el objetivo para la iniciativa del Desarrollo Económico Local esté bien definido, por lo que el facilitador realiza una lluvia de ideas en tarjetas según la siguiente pregunta motivadora:

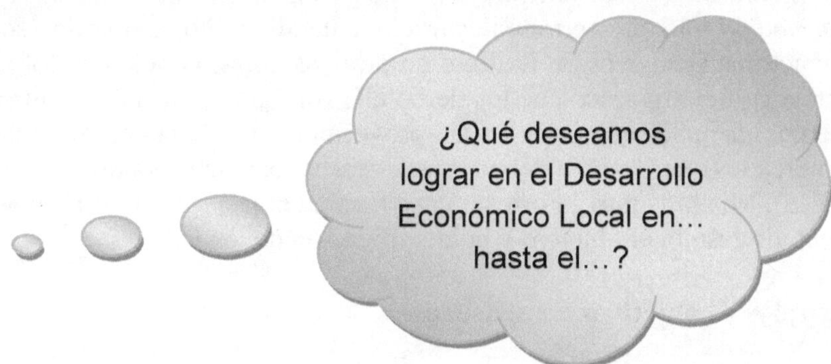

El objetivo podría ser incluso planteado más específicamente en función al objeto concreto que se quiere fortalecer a través de la iniciativa interinstitucional, dentro de un marco temporal prudente (no mayor a 3-4 años), posibles preguntas motivadoras:

- ¿Cómo queremos ver al sector pesquero artesanal de la región X de aquí a cuatro años?
- ¿Cómo visualizamos a la cadena productiva de las hortalizas orgánicas del Norte de X en 2013?

Se ordenan las tarjetas según "nubes de ideas", y el facilitador pregunta si hay una tarjeta que resume varios aspectos en una; se descartan las tarjetas dirigidas a actividades y estrategias, y se escribe el objetivo en una nueva tarjeta, con la participación de todos. De esta manera se construye el objetivo con el grupo.

Llegar a un objetivo acotado y realista, depende críticamente de la información que los actores manejan sobre las fortalezas, debilidades (internas), oportunidades y limitantes (externas) que enfrentan sus sistemas productivos. Cuando trabajamos en el fortalecimiento de cadenas productivas, por ejemplo, hacemos mucho énfasis en facilitar a los operadores y otros actores el acceso a información sobre mercados, sus demandas, exigencias en cuanto a calidad, normas, estándares, etc. Solamente así los actores ganan conciencia sobre las brechas competitivas, es decir: ¿dónde estamos y dónde deberíamos estar?

Esto evidencia una cuestión clave: Para dar un "norte estratégico" a sus iniciativas, los actores territoriales deben contar con una *base sólida de información* – lo que permite llegar a un entendimiento compartido sobre los Factores Decisivos de Éxito, o en otras palabras: conciencia sobre la ventaja competitiva, los cuellos de botella (internos y factores limitantes externos) actuales que impiden al aprovechamiento de las oportunidades de mercado (que también deben estar claras y compartidas por los actores locales). Mientras más información se maneja al respecto, más pertinente y acotado resulta el objetivo y la identificación de los FDE.

Ejemplos de objetivos consensuados:

- Puno, paraíso a orillas del lago Titicaca, destino turístico competitivo, posicionado en el mercado mundial como cuna de la cultura andina.

Una variante más específica del anterior:

- Hasta el 2013, incrementar las visitas internacionales a la Región Puno en un Y% gracias a exitosos esfuerzos público-privados para mejorar la conectividad, la gestión ambiental y la calidad y variedad de los servicios turísticos ofertados, lo que nos permite mantener la participación en los mercados existentes y penetrar nuevos segmentos de mercado (Asia y Europa Oriental)

- En el 2013, la mancomunidad Willkamayu será competitiva y sostenible, con actividades agropecuarias y turísticas que mejoren el ingreso económico de las familias.

- Que Montero sea un distrito altamente competitivo en las cadenas de café, panela, cacao y ganadería, fomentando un turismo sostenible.

La brújula va a tener mayor impacto cuando se aplica a iniciativas más "maduras" o como instrumento complementario de un proceso de análisis de mayor profundidad de uno (o varios) sistemas productivos del territorio; de lo contrario arriesgamos objetivos al "ojímetro" de los participantes de un taller.

La falta de información de los actores, en combinación con "sueños de competitividad territorial" es justo una de las principales causas de una planificación deficiente en las iniciativas territoriales. Esta situación se podría describir con la expresión en inglés "trash in, trash out"("basura que entra, basura que sale").

Nota: El equipo de facilitación evita siempre la palabra: "visión" en este ejercicio, debido a que se presta para definiciones poco concretas y nublosas.

La identificación de los Factores Decisivos de Éxito

Después de la identificación del objetivo, se llega al "corazón" de la metodología que es la identificación de Factores Decisivos de Éxito.

La pregunta clave es:

¿Cuáles son los FDE que determinan si su iniciativa/territorio logra su objetivo?

Los participantes escriben sus respuestas en tarjetas y con la ayuda del facilitador, identifican después las ideas repetitivas, descartando las tarjetas que se duplican, y ubican las que quedaron aceptadas en los 4 cuadrantes visualizados en el panel.

Mediante el principio de "Pareto" se priorizan 2-3 Factores Decisivos de Éxito por cuadrante. Para mayor información sobre Pareto, consulte la página web: www. es.wikipedia.org/wiki/Principio_de_Pareto.[8]

La efectividad del procedimiento Pareto suele ser máximo, cuando la percepción de los factores de éxito por parte de los participantes se sustenta en un conocimiento lo más cabal (compartido) del territorio, sus sistemas productivos, sus debilidades/fortalezas, oportunidades y limitantes. Una percepción deficiente de los FDE puede generar un accionar que no se orienta por las condiciones reales que ocasionan el éxito o fracaso de determinada iniciativa.

El facilitador cuenta todas las tarjetas que están en el panel, i.e. las tarjetas de TODOS los cuadrantes, y divide el número por 5 (=20 %). El resultado es el número de votos que tiene cada persona para marcar con una cruz los FDE que considera como más importantes. Cada persona puede asignar hasta dos votos por tarjeta. Ganan las tarjetas con más puntaje. La misma regla también se puede aplicar para la priorización de las actividades.

3.3 Elaboración de Indicadores y del Plan de Acción

El taller de la Brújula debe ser más que un evento aislado. El taller en sí puede ser un evento esclarecedor y hasta cierta medida, emocionante, donde los participantes habrán aprendido algo importante. Esto se aplica en particular a los talleres por sectores que muchas veces ofrecen a los participantes un entendimiento mucho mejor de su ambiente empresarial. Sin embargo podría ser insatisfactorio si el taller no fuese seguido de un plan concreto de acciones, de la creación de un sistema de monitoreo y la implementación de actividades de desarrollo territorial.

---

8 El principio de Pareto (según Vilfredo Pareto, 1848 – 1923), que es conocido como la regla del 80-20, subraya que muchas veces el 80 % de los resultados puede ser causado por un 20 % de factores o insumos. El 20 % es considerado como "los pocos vitales", mientras que el 80 % son los "muchos triviales".

Definición de ICRs: Creación de un sistema de monitoreo

Los indicadores muestran el desempeño de cada FDE. Para cada FDE debemos preguntarnos cómo se puede medirlo.

Cabe diferenciar entre varios tipos de indicadores:

- Los indicadores pueden ser de naturaleza *cuantitativa* o *cualitativa*. El costo promedio incurrido y el tiempo que se toma para completar una tarea específica son indicadores cuantitativos. En cambio, la percepción de un grupo de actores de una iniciativa DET sobre su satisfacción con los resultados de la colaboración es de naturaleza cualitativa. Para fines comparativos, será generalmente necesario encontrar alguna manera de poner un valor cuantitativo a los indicadores cualitativos.

- Cabe distinguir entre indicadores de los *inputs* y de los *outputs*. Los indicadores de input refieren a los insumos utilizados para influir sobre un FDE. Podría ser horas de participación en capacitaciones o número de estudios encargados. Por otro lado los indicadores de los outputs refieren a los resultados obtenidos, por ejemplo, grado de conocimiento del mercado o emprendimientos creados.

- Hay diferentes unidades con que se formula un indicador. Un indicador puede estar dado en cifras *absolutas* si se utilizan para dar cuenta de características particulares en un momento dado, p. e. número de empresas socias de una iniciativa DET; en *porcentajes*, cuando se usan para destacar aspectos relativos, i.e. porcentaje de empresas socias en relación al total de las empresas de un territorio; en *tasas* cuando se utilizan para mostrar la evolución de un fenómeno en el tiempo, p. e. tasa de crecimiento de los recaudos fiscales del municipio.

Ejemplo: Una Agencia de Promoción Económica definió en el cuadrante 3 ("Perspectiva de los interesados externos") como FDE "ser útil para nuestros clientes". Para medirlo se utilizó tres indicadores "número de eventos organizados", "número de participantes en eventos" y "% de respuestas positivas sobre utilidad a la Agencia en una encuesta". En este caso contamos con tres ICR para un FDE.

El conjunto de ICRs se formula en un taller de la Brújula, o en la reunión de un grupo reducido de participantes sobre desarrollo territorial que están familiarizados o se sienten bien con el concepto de indicadores. Estos criterios deben coincidir con los criterios MAREA (ver a continuación). Como no debe haber más de cuatro FDEs por cuadrante y no más de tres indicadores por FDE, el máximo número posible de ICRs es 48. No obstante, sería preferible terminar con mucho menos ICRs, pues el monitoreo de cada indicador significa un esfuerzo relevante.

Cuadro 1: Criterios MAREA

M	Medible	(Fácilmente) Medible, objetivo y no ambiguo - no fácilmente descartado por eventos no relacionados y no fácilmente manipulado -. Debe brindar datos confiables, independientemente de que la medición sea realizada por diferentes personas a lo largo del tiempo.
A	Alcanzable	Alcanzable por las medidas políticas y aplicable para medir el avance hacia el logro de objetivos. Establecer metas alcanzables requiere de especial cuidado. Metas demasiado bajas pueden sugerir aparentes éxitos, pero tienen poca utilidad para la gestión.
R	Relevante	Medición de factores que estén relacionados con la política y reflejen los objetivos. La información brindada por el indicador debe ser fundamental para la toma de decisiones.
E	Especifico	El indicador debe ser una traducción fiel del objetivo relacionado, de manera que los cambios medidos a través de los mismos expresen cambios a nivel del objetivo.
A	Acotado en el tiempo	Variable en el tiempo, reflejando en qué momento del tiempo se esperan y suceden los cambios. Se debe especificar plazos para la realización de las metas propuestas. Estos plazos pueden ser intermedios o referirse al estado hasta la terminación del proyecto.

Fuente: Metz / Groetschel, Training Manual on Monitoring Policy Impacts, preparado para FAO y GTZ, 2002

Una manera práctica para examinar la solidez del indicador propuesto respecto de cada criterio MAREA es asignarle un puntaje: 1 significa "no", 2 significa "en cierta medida", 3 significa "definitivamente", y luego los cinco puntajes se multiplican. Solo los puntajes superiores a 50 significan que el indicador es sólido.

Nota: Después de varias aplicaciones de la Brújula en Perú, nos dimos cuenta que la valla para identificar un indicador "sólido" era muy baja, por lo cual se definió como "sólido" un puntaje mayor a 150 en vez de 50.

Aparte de la formulación de los indicadores, se debe definir quién monitorea cada uno de ellos, y con qué frecuencia. Algunos indicadores pueden ser fácilmente monitoreados mensualmente (por ejemplo, el número de negocios registrados y liquidados). Otros indicadores pueden ser monitoreados trimestralmente.

Ejemplo de aplicación de la MAREA:

ARTICULACIÓN DE POLITICAS Y ESTRATEGIAS DE INTERVENCIÓN DE DEL EN DIFERENTE NIVELES DE GOB.

Relación con actores externos

INDICADORES	M	A	R	E	A	PTs
1 Nº DE INSTRUMENTOS DE GESTION EN DEL EN LA MANCOMUNIDAD WILLCAMAYO	3	3	3	3	3	>50
2 Nº DE INICIATIVAS LEGISLATIVAS QUE FORTALEZCAN EL TEMA DEL	3	2	3	2	2	>50
3 Nº DE PROYECTOS EJECUTADOS EN CONCERTACION CON EL G Reg. G. Central y otros ONG.	3	2	2	3	3	>50

Alternativa simplificadora

En vez de trabajar la secuencia lógica FDE⇨ICR⇨acciones, se puede posponer la identificación de ICR y buscar después de la definición de los FDE directamente acciones para influenciarlos. Los indicadores se formularían más adelante para medir los resultados de las acciones propuestas. Siguiendo este procedimiento (FDE⇨ acciones⇨ ICR), el número de ICR y acciones sería idéntico.

Propuestas de acción

Para influir sobre los ICR, FDE y por fin para lograr el objetivo estratégico definido se requiere de acciones. Así la definición de propuestas de acción es la conexión entre la planificación estratégica y operativa.

Para cada ICR (o FDE) debemos preguntarnos cuál sería la acción pertinente para incidir y apalancar mejor.

Generar propuestas más creativas e innovadoras

A la hora que un facilitador solicita que los actores de una iniciativa DET elaboren propuestas de acción, estos suelen proponer actividades convencionales como "elaborar un estudio", "hacer una capacitación", "contratar a un experto". Estas propuestas se basan en lo que ya se conoce y muchas veces no tienen la fuerza necesaria para cambiar una situación. En esta situación tampoco ayuda mucho si el facilitador apela que las propuestas "sean creativas e innovadoras".

Para romper este patrón recomendamos el uso de técnicas del *pensamiento creativo.*[9] Una técnica sería buscar la segunda respuesta correcta. El filósofo Emilé Cartier dijo: "Nada es más peligroso que tener una idea cuando es la única que uno tiene." Una forma de evitar este peligro es preguntar por varias respuestas.

Primero, el facilitador pregunta a los participantes cuál es la acción que tiene influencia en este ICR. Una vez respondida la pregunta, añade la

---

[9] Hay varios libros que describen técnicas de pensamiento creativo. Recomendamos las tarjetas de Roger von Oech's "Innovative Whack Pack – 60 Creative Strategies to provoke and inspire your thinking." Lamentablemente falta todavía la traducción al español de esta idea innovadora para fomentar la creatividad.

pregunta: ¿Cuáles serían otras acciones para influenciar este ICR? Después de una lluvia de respuestas se puede reformular la propuesta inicial de acción. Con gran probabilidad las propuestas serán diferentes, innovadoras y tendrán mayor impacto.

Otra forma de generar propuestas alternativas es el método del "fuego rápido" (*rapid fire*). El facilitador pregunta y anima a los actores para que mencionen posibles acciones para influir sobre un FDE - rápidamente y sin pensar. Otro facilitador (o unos participantes) apuntan las respuestas sobre un rotafolio. Cuando los actores ya aportaron varias ideas, el facilitador cambia el contexto y pregunta por ejemplo "Qué haría Blanca Nieve para influenciar el FDE?". El facilitador puede cambiar varias veces el contexto (¿qué haría Che Guevara, Atahualpa, Madre Teresa, etc.?). Al final los actores seleccionan la idea que podría aportar a una mejor propuesta. Claro, muchas veces se requiere una reformulación o adaptación al contexto real.

Para acelerar más el flujo de ideas, el "fuego rápido" se puede jugar utilizando una pelota. Los participantes forman un círculo y se pasan la pelota al azar, sin reglas. Cada persona que recibe la pelota tiene que responder rápidamente a la pregunta motivadora del facilitador (ver arriba). Paralelamente, una o dos personas registran los resultados de esta rápida lluvia de ideas en un papelógrafo.

El pensamiento creativo ayuda a romper bloqueos mentales, y la identificación de alternativas aumenta las posibilidades de cambio de la realidad.

Plan de Acción

Hemos observado a menudo que hacia el final del taller Brújula, el nivel de energía entre los participantes es demasiado bajo para tratar un plan de acción detallado. Es posible abrir una lluvia de ideas para generar ideas de cómo abordar los FDEs que no han sido suficientemente tratados. Pero afinar esas ideas, buscar las conexiones entre ellas y planificar su implementación de manera detallada es mejor dejarlo para una reunión separada.

En esta siguiente reunión, habrá oportunidad para ajustar las ideas para la acción, priorizarlas, y luego planear su implementación, contestando a las seis preguntas según Pfeiffer:

1. ¿Cómo exactamente vamos a hacer esto?

2. ¿Quién asumirá la responsabilidad?

3. ¿Quién colaborará?

4. ¿Cuáles son los recursos que necesitamos?

5. ¿Cuándo comenzamos?

6. ¿Cómo sabremos que hemos comenzado?

Sugerencia: A veces les cuesta a los participantes distinguir entre factores, indicadores y actividades. Una posibilidad de resolver el tema es utilizar un panel con tres columnas o incluso trabajar con tres paneles para ordenar las tarjetas respectivas de los participantes. Las columnas/ los paneles tienen como títulos factores, indicadores y actividades.[10]

Si iniciamos una lluvia de ideas alrededor de los Factores Decisivos de Éxito (FDE) colocamos todas las tarjetas que apuntan a los factores al panel correspondiente. Si los participantes nombran un indicador o una actividad ponemos estas tarjetas en el panel correspondiente. Una vez concluida la lluvia de ideas revisamos el panel de indicadores y preguntamos al grupo por el FDE que se mide con este indicador. Una vez identificado el FDE, escribimos una tarjeta y la colocamos en el primer panel. De la misma forma actuamos con las actividades.

---

[10] Esta forma de trabajar con varios paneles a la vez está inspirada por la "facilitación dinámica" creada por Jim Rouge; véase www.fao.org/Participation/espanol/ft_more.jsp?ID=8583.

Una vez completa la lista de los FDE se puede complementar las listas de los indicadores y después de las actividades.

Es posible también cruzar los FDE con las actividades ya programadas. Así se ve qué actividades influyen sobre qué FDE. Si uno de los FDE no está relacionado con ninguna actividad, indica un vacío. Aquí cabe pensar en una actividad nueva para poder influenciar este factor.

4 Aplicación de la Brújula de la Competitividad en Arauco, Chile[11]

4.1 Marco conceptual de las aplicaciones: Reflexiones en torno a la facilitación externa

La competencia de actores públicos y privados territoriales de lograr objetivos y metas consensuadas, requiere que éstos - partiendo desde sus diferentes intereses y relaciones interinstitucionales - tengan claridad sobre objetivos comunes, así como las opciones estratégicas para alcanzarlos en un marco temporal realista y con una relación favorable de costo-beneficio (vale decir: entre sus esfuerzos individuales y colectivos, por un lado, y las utilidades individuales y colectivas resultantes, por el otro).

La asesoría externa puede apoyar a los actores territoriales en formular, para su proceso de construcción de una estrategia territorial las preguntas relevantes, con el fin de brindar a sus instancias de coordinación y cooperación una orientación más clara y estratégica.

Al respecto, también cabe recordar que en la mayoría de instituciones públicas encargadas del desarrollo territorial no existe un sistema de gestión por desempeño y resultados; asimismo, los mecanismos de veeduría ciudadana sobre el uso eficaz y eficiente de los recursos públicos en la mayoría de países todavía son incipientes, al igual que los procesos de rendición pública de cuentas. Esto hace que los incentivos para dedicar mayor tiempo y esfuerzos al M+E todavía suelen ser bajos (y se reducen al monitoreo operativo, es decir: de actividades y nivel de

---

[11] Este capítulo fue redactado por Wolfgang Demenus y Mauricio Espina quienes facilitaron el primer taller de aplicación de la Brújula al DET en América Latina.

ejecución de presupuesto). Este es uno de los principales nudos críticos que enfrentan los espacios público-privados de coordinación y cooperación: la necesidad de flexibilizar los procesos al interior de la burocracia pública y transparentar la gestión.

En el modelo tradicional, la planificación operativa y financiera se da solamente al interior de cada entidad pública; en cambio, en la medida que surgen nuevos modelos de gestión territorial, se pone de manifiesto la necesidad de generar sinergias interinstitucionales a través de procesos de planificación y gestión compartida entre entidades públicas, privadas, académicas, etc. Es así que se evidencia la necesidad de contar con instrumentos que sirven este propósito, como la Brújula de la Competitividad.

Muchos espacios de coordinación a nivel territorial se caracterizan por lo que podríamos llamar una "informalidad estructurada", es decir: los miembros de las Mesas (o Consejos, Consorcios etc.) público-privados de Desarrollo Económico Territorial no negocian solamente en función de los temas, sino también en función de las reglas, estructuras, formas y niveles de compromisos de su interacción. Para ello, necesitan desarrollar una cultura de diálogo y negociación que frecuentemente surge como resultado de un proceso de "aprender haciendo". La Brújula de la Competitividad, al fomentar esta cultura de diálogo y negociación de una estrategia interinstitucional entonces sirve a la vez como aporte al fortalecimiento de estos espacios interinstitucionales.

De manera generalizada, se puede decir que con el incremento del número de actores involucrados, las exigencias en cuanto a la gestión de los espacios también aumentan. Entonces se requiere de instrumentos para la gestión del desempeño de los espacios que permiten aprovechar la heterogeneidad de los actores involucrados para fomentar soluciones creativas e innovadoras en función a debilidades y cuellos de botella detectados en el entorno territorial competitivo.

Las experiencias empíricas nos demuestran: Donde no se logra poner en valor las respectivas fortalezas que tiene cada actor, la continuidad de los espacios de coordinación y cooperación está en peligro. Otras amenazas para la continuidad y sostenibilidad de la interacción son: mecanismos no transparentes y unilaterales en la toma de decisiones, grandes desequilibrios de información entre los actores, altos costos de transacción (debidos a reuniones muy frecuentes y demasiado largas, por ejemplo) y la falta de una orientación estratégica compartida ("norte común"). La Brújula quiere brindar esta orientación estratégica a los actores, despertar su pensamiento creativo, promover decisiones participativas y reducir los costos de transacción de los involucrados.

4.2 Potencial de aplicación de la Brújula

Para evaluar el potencial de aplicación de la Brújula hay que analizar el nivel de madurez de una iniciativa público-privada de desarrollo territorial.

En cualquier proceso de articulación interinstitucional en torno al DET podemos diferenciar entre tres formas básicas de interacción de los actores (ver la siguiente tabla). De acuerdo a esta diferenciación, si predomina la forma "Consulta e intercambio de información", es aconsejable aplicar la Brújula de manera convencional, a nivel de las instituciones individuales (Gobierno Regional, Cámara, Municipio), es decir: cercano al uso original del CMI, porque la iniciativa territorial todavía no ha madurado suficientemente para justificar una medición compartida del desempeño entre los actores.

En cambio, si predomina la modalidad "Coordinación y Concertación", la aplicación de la Brújula facilita y da una mayor orientación estratégica al proceso interinstitucional.

Donde predomina la modalidad de "Cooperación y Co producción" (público-privada), es decir los actores involucrados desarrollan actividades y proyectos tanto de manera conjunta como de manera individual, la utilidad del instrumento suele ser mayor aún.

Tabla: Formas básicas de interacción en el contexto de iniciativas DET y sus características

Forma de interacción	Características
Consulta e intercambio de información	Modelo básico de interacción: Los involucrados utilizan la información proporcionada por otros actores para orientar su propio accionar institucional. Ejemplo: *Espacios de rendición pública de cuentas en función a planes y políticas provinciales de fomento productivo.*
Coordinación y concertación	Los involucrados actúan de manera autónoma, pero concertada, y desarrollan estrategias compartidas; la complementariedad entre sus acciones genera valor agregado para cada involucrado y para el tejido empresarial del territorio. Ejemplo: *Mesas y Consejos Público-Privados de Desarrollo Económico Territorial*
Cooperación y Co-producción	Los involucrados invierten en proyectos y programas compartidos en base a estrategias comunes y relaciones formalizadas de trabajo. Ejemplo: *Agencias Provinciales de Desarrollo Económico Territorial (ADETs)*

Fuente: Elaboración propia en base al Manual Capacity Works (GTZ).

Instrumentos metodológicos idóneos a ser aplicados en etapas anteriores, por ejemplo, constituyen: Análisis participativos del contexto territorial y de las principales tendencias del territorio y su economía (por ejemplo mediante técnicas de mapeo; ver foto), y el desarrollo de escenarios territoriales alternativos mediante técnicas participativas de prospección.

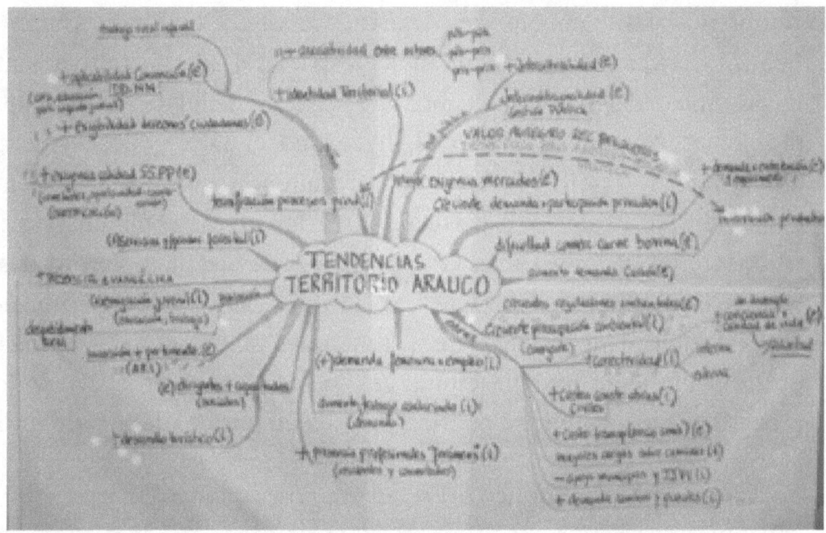

Estos permiten a los actores del territorio identificar las oportunidades y potencialidades endógenas del territorio, así como opciones de acción para el cambio territorial, sin descuidar los riesgos y limitantes que cada opción representa.

Además el proceso de construcción estratégica puede ser complementado por insumos técnicos a cargo de expertos externos. Estos insumos permiten a los actores locales ampliar su mirada y profundizar sus propios conocimientos en el área de cooperación y en temas específicos, con el posible resultado de visualizar nuevas opciones estratégicas.

Los análisis anteriores entonces constituyen un buen fundamento, sobre el cual se construirá un horizonte estratégico que motiva a los involucrados y que orienta, focaliza y potencia su "energía de cooperación". Es entonces en este contexto donde la Brújula de la competitividad representa una herramienta de gran utilidad potencial.

4.3 Contexto de las dos aplicaciones en el Territorio de Arauco

El territorio Arauco se ubica en la región del Bío-Bío al Sur de Chile y comprende las comunas de Arauco, Cañete, Contulmo, Curanilahue, Lebu, Los Álamos y Tirúa; coincide espacial y administrativamente con la provincia del mismo nombre. La extensión del territorio junto con problemas de conectividad vial, hace que el DET y los esfuerzos de asociatividad público-privada no resulten fáciles de conseguir y mantener. No obstante, a partir de 2003 los actores públicos y privados reconocieron cada vez más la importancia de asociarse territorialmente, lo que ha generado durante los últimos años nuevos espacios de concertación. Con el apoyo de instituciones públicas, se ha avanzado en el fortalecimiento organizacional del sector privado en el territorio y en procesos de asociatividad público-privada en pos del desarrollo turístico.

Es así que la Mesa Público – Privada de Turismo de Arauco (MPPT) fue creada en Septiembre de 2003; en 2005 ya contó con la participación de 19 instituciones con presencia territorial: las siete Cámaras de Turismo del territorio (Cámara de Turismo de Arauco, Cámara de Comercio, Turismo y Gastronomía de Cañete, Cámara de Turismo de Contulmo, Cámara de Turismo de Curanilahue, Cámara de Turismo de Lebu, Cámara de Turismo de Los Álamos y Cámara de Turismo de Tirúa), los siete municipios del Territorio Arauco, la Gobernación provincial de Arauco, la Unidad de Gestión Territorial (UGT) del Programa de Desarrollo Territorial, ejecutado por el Gobierno Regional del Bío-Bío, la Asociación de Municipios de la Provincia de Arauco – Arauco Siete, así como SERNATUR y SERCOTEC que son Servicios del Gobierno Central que atienden al turismo desde una perspectiva sectorial (SERNATUR) y mediante el fortalecimiento de la Mipyme prestadora de servicios turísticos (SERCOTEC).

En junio de 2005 se creó otra Mesa Público-Privada territorial que articula a los diferentes actores relacionados con la Pesca Artesanal. La última, en un inicio fue presidida por el Gobernador de la Provincia y coordinada por la Unidad de Gestión Territorial (UGT), en el marco del

Programa de Desarrollo Territorial del Gobierno Regional. En comparación con la primera Mesa, esta segunda Mesa se encontraba en una etapa inicial, donde algunos actores relevantes, sobre todo algunos municipios y gremios, todavía debían ser persuadidos de los beneficios de una lógica de trabajo público-privada territorial para lograr trascender los diversos conflictos locales en torno a la explotación de los recursos marítimos.

A través de un Ejercicio PACA en la capital provincial Lebu en agosto de 2005, se lograron encaminar una serie de propuestas de corto plazo orientadas a mejorar la situación de diversos actores económicos locales. A su vez, algunas de estas iniciativas formaron puntos de partida para proyectos más grandes y complejos que pudieron ser incorporados al nuevo Plan de Desarrollo Comunal (Pladeco). Con el Ejercicio PACA también se fortaleció el rol de la Oficina Municipal del Borde Costero en Lebu y se logró involucrar a nuevos actores comunales tanto en la Mesa territorial como a nivel local en el proceso de elaboración participativa del Pladeco.

Si bien estos procesos fueron generado un contexto favorable de creciente voluntad política y participación empresarial a nivel comunal y territorial, persistieron aún dudas con respecto a la orientación estratégica de las dos Mesas, así como su viabilidad y dinamismo a mediano y largo plazo.

Frente a este desafío, la coordinadora de la UGT se acercó al Programa Región Activa de GTZ para pedir su apoyo en la facilitación de un taller con los integrantes de cada una de las dos Mesas con el propósito de desarrollar, en base a una visión estratégica sobre las mismas, actividades concretas dentro de un Plan de Trabajo que al mismo tiempo permitiera a los actores monitorear sus avances en función a los factores que ellos consideran críticos para el éxito de su iniciativa a mediano plazo.

Por lo tanto, los talleres, a los cuales se invitó al equipo de la GFA Consulting Group-Región Activa en calidad de entidad facilitadora, marcaron un primer esfuerzo colectivo de autoreflexión y proyección estratégica-operativa, que además buscaba complementar y validar las propuestas planteadas en el marco del Programa Bío Bío Emprende para el territorio de Arauco.

Como se consideró difícil reunir a todos los actores de las dos iniciativas territoriales de Arauco – que acostumbran trabajar en comisiones temáticas - más allá de una jornada de trabajo, un primer desafío consistió en encontrar una metodología que permitiera cumplir el objetivo mencionado en tan corto tiempo. La Brújula de la Competitividad Local, en su versión original contemplaba un mínimo de dos jornadas completas de trabajo. Disponiendo de menos tiempo nos preguntabamos entonces: ¿es posible acortar el diseño original y al mismo tiempo mantener su orientación estratégica y práctica, sin sacrificar la calidad de los resultados ni imponer demasiadas exigencias a los participantes?

4.4 Experiencias con la aplicación de la Brújula a las dos iniciativas territoriales

El primer taller se desarrolló en el marco de la Planificación estratégica y operativa de la MPPT Arauco para 2006-2007, la que abarcó – siguiendo la lógica de la actividad empresarial turística - los meses entre mayo 2006 y abril 2007.

La evaluación hecha por los participantes de la Mesa de Turismo - que fue la primera aplicación realizada en Abril - sugirió que sí era posible lograr en un día completo la secuencia de trabajo hasta el nivel de actividades estratégicas, obteniendo una muy alta aprobación del método e identificación grupal con los resultados. Resultó fácil motivar al grupo a programar una segunda reunión para confeccionar el Plan de Trabajo, de acuerdo a una pauta que se entregó al final del taller.

En comparación con la segunda aplicación de la Brújula, que se realizó en Junio de 2006 con los integrantes de la Mesa Pesca, fue notable la mayor consolidación relativa de la primera experiencia de gestión público-privada, una mayor confianza entre los actores y una participación más equilibrada entre públicos y privados. En la aplicación con la Mesa Pesca el mayor protagonismo de los actores públicos también se vio reflejado en los resultados de trabajo.

Por esta situación resultó útil y necesario en la segunda aplicación anteponer a la formulación del objetivo estratégico un paso adicional, donde, en grupos separados, actores públicos y privados hicieron un primer balance de los principales logros y desafíos al finalizar su primer año de funcionamiento. Para ello, se formaron grupos de aproximadamente 4 personas (integrados sólo por públicos o sólo por privados). Los grupos identificaron un logro y un desafío (los que le parecieron los principales) para: (1) Las instituciones públicas; (2) Las empresas privadas; (3) La asociatividad público-privada.

Esta dinámica de "cruce de perspectivas" permitió apreciar que la participación de privados en la Mesa fue motivada principalmente por la búsqueda de mejoras productivas, comerciales, laborales y previsionales, a la vez dejando ver la precariedad del sector de la Pesca Artesanal. Entre los públicos, en cambio, las expectativas convergieron hacia la idea de un trabajo planificado como principal logro de la Mesa.

Los diferentes niveles de consolidación de las Mesas territoriales sectoriales se evidenciaron también en cierta medida, en la manera cómo los actores de cada espacio respondieron la pregunta por el objetivo principal de su espacio: Mientras que los actores vinculados al sector turístico percibieron a la Mesa Público-Privada como una herramienta clave para posicionar el territorio como destino turístico, en los actores vinculados a la Pesca Artesanal prevaleció la mirada hacia la Mesa como un espacio de coordinación de las inversiones netamente públicas hacia el sector pesquero artesanal, es decir: una mesa de apoyo de los públicos a los privados.

No se considera mera coincidencia que en ambos talleres la dimensión de los “procesos internos” llegó a concentrar mayor número de factores críticos de éxito que las otras tres dimensiones.

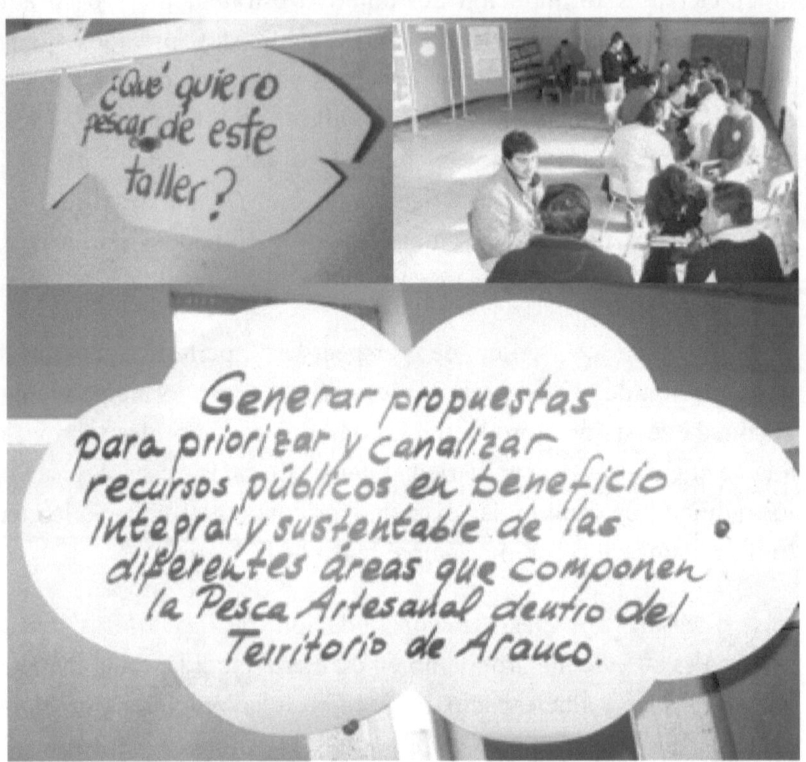

En fases tempranas de iniciativas DET público-privadas, la (re-) ingeniería de los procesos de interacción aparece en primera plana, si bien es importante no perder de vista las otras tres dimensiones del Cuadro, ya que difícilmente se logrará un objetivo estratégico únicamente mediante mejoras al interior de las iniciativas.

La segunda mitad de cada taller se inició con la formulación de indicadores para los factores priorizados. Como pauta el equipo moderador introdujo el principio “MAREA” que caracteriza un buen indicador. Al respecto, las experiencias mostraron que: primero, hay que velar que se llegue a un conjunto “manejable” de indicadores, es decir, cuyo monitoreo no sobrepasa las capacidades de los actores territoriales, y segundo que las responsabilidades del monitoreo se distribuyan equitativamente, según la facilidad con que determinada institución pueda levantar la respectiva información. Es importante además acordar cómo la información del monitoreo se difunde y cómo su discusión se convierte en una buena práctica de trabajo al interior de la Mesa.

En general, la Brújula de la Competitividad resultó ser un instrumento de planificación idóneo en el contexto específico de las iniciativas público-privadas territoriales porque permite, mediante un proceso estructurado de trabajo participativo, aterrizar en un plan de trabajo y a la vez desarrollar indicadores que permiten a los actores involucrados monitorear el avance de su iniciativa en función a las diferentes áreas estratégicas.

De acuerdo al contexto, las demandas específicas de los actores del territorio y su disponibilidad de tiempo, la Brújula puede ser enriquecida con otros ejercicios de auto-reflexión, por ejemplo un balance de su iniciativa que distingue entre logros y desafíos; la sistematización participativa de buenas prácticas que la Mesa originó o la identificación de tendencias actuales en el territorio que deben ser consideradas en la planificación para asegurar su pertinencia.

4.5 Reflexiones finales

La Brújula es un instrumento propicio sobre todo para iniciativas DET con determinado nivel de “madurez”, es decir:

- Procesos territoriales, donde existe un entendimiento compartido entre los actores del sistema productivo (cómo funciona), sus fortalezas, debilidades, las oportunidades a ser aprovechadas para su fortalecimiento sostenible, así como los limitantes (factores exógenos) que lo dificultan en la actualidad. En esta etapa la Brújula puede servir como un instrumento estratégico de planificación, M+E. En las dos aplicaciones piloto realizadas por el Programa Región

Activa en Arauco, esto era el caso para la Mesa de Turismo, mientras que en la Mesa de Pesca Artesanal todavía se sintió la ausencia de tal entendimiento compartido entre los involucrados.

- Procesos, donde los actores territoriales ya han formulado un plan de acción, pero tienen dudas sobre el carácter estratégico de sus acciones; el ejercicio de la Brújula entonces sirve como espacio para reflexionar conjuntamente sobre la pertinencia de las acciones que se llevan a cabo y para efectuar ajustes. Esto fue la situación encontrada en la Mesa de Turismo cuando se hizo la aplicación de la Brújula. El valor agregado del instrumento fue confirmado por los actores asistentes al final del ejercicio, porque llegaron con dudas sobre la pertinencia de las acciones realizadas y encontraron en la Brújula un direccionamiento más estratégico de sus esfuerzos de cooperación.

La Brújula puede ser aplicada entonces tanto a procesos de planificación estratégica en iniciativas DET como a procesos de M+E de iniciativas DET en marcha, o validación / mejora de una estrategia en proceso de implementación. En este último uso, no sustituye a la necesidad de un proceso de planificación estratégica, que se fundamenta en un análisis sólido del respectivo sistema productivo y que se refleja en una visión competitiva compartida a mediano plazo, objetivos estratégicos y ámbitos prioritarios de acción. En su primer uso, es importante que la Brújula se inserte en un proceso sólido de análisis del respectivo sistema productivo.

A manera de conclusión, presentamos tres hipótesis adicionales en torno de la efectividad del instrumento:

1. La primera hipótesis aquí es que la utilidad es mayor en casos donde la Brújula forma parte de un proceso de asesoría externa integral a la instancia público-privada que incluye además: medidas de construcción de confianza entre los actores, ya que las diferentes formas de cooperación en el marco territorial requieren de una base mínima de confianza entre las instituciones para poder prosperar – esta base a su vez fortalece la autoconfianza, la responsabilidad y el

compromiso de los actores locales con su propio proceso colaborativo.

2. Una segunda hipótesis es que la asesoría externa debe incentivar la búsqueda por soluciones creativas e innovadoras, ya que la experiencia empírica demuestra que instancias efectivas de cooperación que perduran en el tiempo se caracterizan por adoptar enfoques no ortodoxos a los cuellos de botella del desarrollo económico territorial y de generar estrategias y propuestas innovadoras.

3. Finalmente, es recomendable dar seguimiento a las instancias público-privadas en su proceso de implementación, monitoreo, evaluación y ajuste de sus estrategias y velar que las estrategias concertadas no tengan las características de buenas intenciones, sino se implementan en consonancia con las posibilidades, voluntades y capacidades reales de los actores territoriales involucrados.

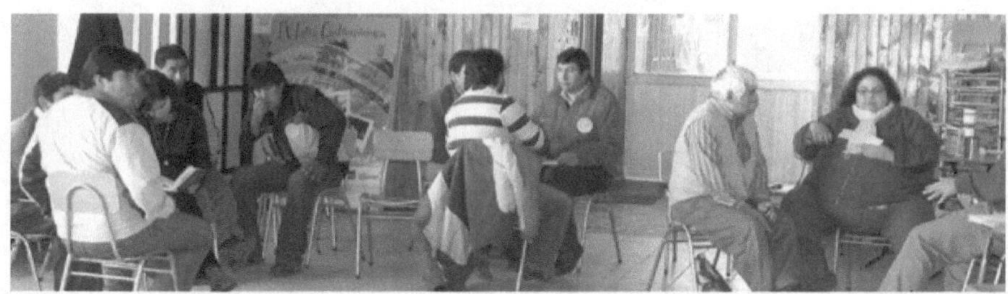

La Brújula, al proporcionar a los actores del territorio un instrumento y procedimiento para implementar un sistema de monitoreo estratégico y operativo para su instancia (Mesa) puede convertirse en un instrumento útil para la gestión de los procesos colaborativos, siempre y cuando éstos aprovechen el instrumento para efectuar revisiones periódicas de lo alcanzado en el marco de reuniones de autoreflexión, con el propósito de someter a sus opciones estratégicas a una revisión crítica y de ajustarlas a la luz de los cambios al interior de la Mesa y en su entorno (planificación estratégica como proceso iterativo).

Al mismo tiempo cabe destacar que la asesoría externa no reemplaza de ninguna manera los procesos de comunicación y negociación necesarias entre los actores públicos y privados, sino tiene un rol de catalizador y de fomento de los últimos. Más bien, la asesoría externa puede aportar a las instancias territoriales público-privadas mediante la creación de un entorno favorable para la autoreflexión y el diálogo abierto entre los involucrados, en lo que refiere a sus perspectivas y expectativas hacia la cooperación, sus fortalezas y debilidades, etc. lo que contribuye a la concertación de objetivos y metas realistas y de estrategias de implementación adecuadas y viables, pero también al fomento de relaciones de confianza entre los actores.

5 ¿Qué sucede después de un taller de la Brújula de la Competitividad?

5.1 Implementación de las actividades de desarrollo territorial

Para cada indicador cabe identificar una fuente de información. Pueden ser estadísticas oficiales, resultados de encuestas propias o simplemente el conteo de listas de participantes utilizadas en el marco de la iniciativa. Esto requiere cierta profesionalidad y disciplina para tener la documentación siempre actualizada.

A la vez es oportuno definir metas para cada indicador. Las metas deben ser cuantificables.

Para hacer la planificación más realista ayuda también establecer una línea de base, es decir, medir la situación acetal de cada indicador.

La planificación de las actividades al finalizar el taller de la Brújula (y posiblemente durante un taller de seguimiento, en vista que podría faltar el tiempo en el taller de la Brújula) debe seguir los lineamientos de las seis preguntas de Pfeiffer antes mencionadas. La responsabilidad del conjunto diverso de actividades debe recaer en varios participantes, en lugar de hacer responsable a una sola ODEL o Agencia DEL de la implementación de la mayoría o de todas las actividades. No debería haber más de una o dos personas / organizaciones responsables de la implementación de una actividad dada, y ninguna organización debiera asumir la responsabilidad de implementar más del 50% del total de actividades.

Es oportuno definir también la fuente de financiamiento de cada actividad.

Es útil llegar a un acuerdo en la periodicidad de los informes, por ejemplo colocar en una página web mensual o trimestralmente el informe sobre cada actividad.

Una herramienta útil para documentar todos los elementos de la Brújula es el programa MS EXCEL. Recomendamos elaborar para cada una de las cuatro perspectivas de la Brújula una hoja con las siguientes categorías:

Factores decisi-vos de éxito (FDE)	Indicado-res clave de rendimien-to (ICR)	Forma de regis-tro	Metas 2009	Fuente de financiamien-To	Proyectos	Comenta-rios

5.2 Taller de seguimiento Brújula de la Competitividad

Si la Brújula se ha implementado correctamente, se necesita repetir los talleres de la Brújula. A nivel general de desarrollo territorial, una vez al año es adecuado. A nivel de sectores, los participantes pueden decidir realizar talleres más frecuentes.

Dinámica de la revisión de la Brújula:

- La Brújula es una herramienta para la gestión, el monitoreo y el aprendizaje alrededor de una iniciativa de desarrollo económico local.

- Se puede utilizarla, por ejemplo, exclusivamente para identificar los FDE de una iniciativa, y alinear los actores de esta forma alrededor de un objetivo compartido.

- Otra aplicación más simple de la Brújula es utilizar los FDE para verificar un plan de acción ya establecido.

Si se decide utilizar la Brújula de una forma continua se requiere una revisión en diferentes horizontes temporales:

Las actividades se revisan a más corto plazo. Podría ser apropiado juntarse con el equipo gestor de la iniciativa cada tres meses.

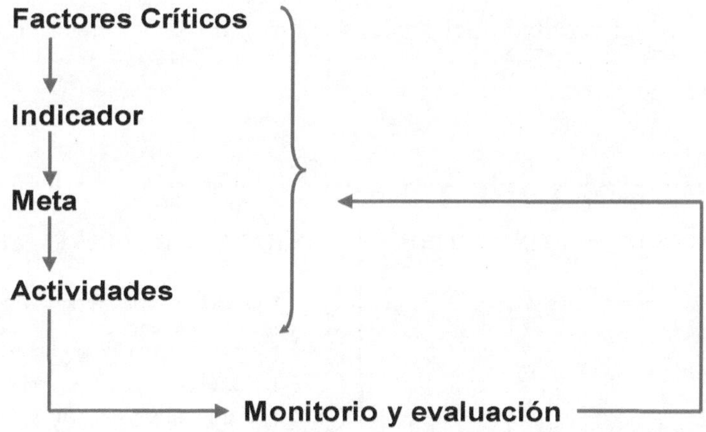

5.3 Evaluación con la Brújula de la Competitividad Local

Una aplicación innovadora de la Brújula se diseñó para la evaluación de un programa de clusters (conglomerados). La tarea fue evaluar el desempeño de 9 clusters de un programa de la cooperación.

Se inició el trabajo con la elaboración de una Brújula genérica para todos los clusters. Sobre esta plantilla se elaboró una Brújula para cada uno de ellos. El grupo se limitó a identificar solamente los FDE. En vez de indicadores se utilizó un simple dibujo del semáforo indicando si el cluster correspondiente está desarrollándose bien (color "verde"), regular ("amarillo") o con dificultades ("rojo") en relación al factor específico. Este trabajo se realizó en un taller de ½ día con el equipo gestor del programa.

Después se realizaron encuentros con los actores de cada uno de los clusters sin participación del equipo gestor. Partiendo de la Brújula genérica los actores verificaron los FDE y tuvieron la oportunidad de reformularlos o añadir algunos más. Igual al procedimiento con el equipo gestor, los actores calificaron el desempeño de cada FDE con el sistema de semáforo.

Un ejemplo del resultado del análisis comparado se ve en el siguiente gráfico:

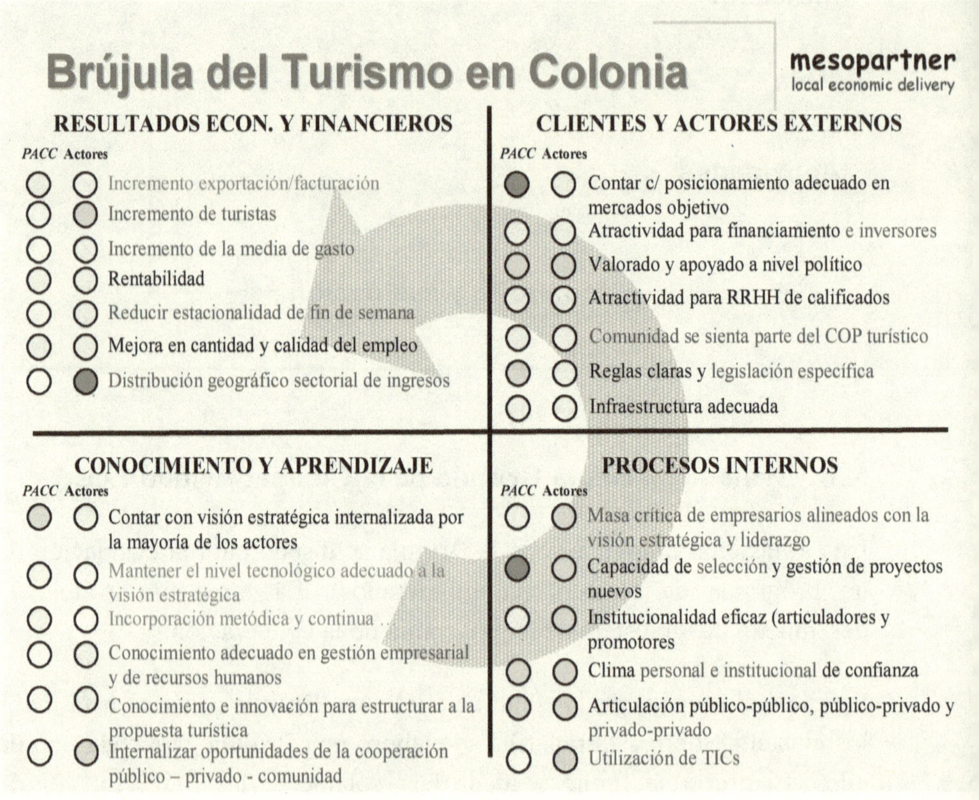

Brújula del Turismo en Colonia

mesopartner
local economic delivery

RESULTADOS ECON. Y FINANCIEROS

PACC Actores

- Incremento exportación/facturación
- Incremento de turistas
- Incremento de la media de gasto
- Rentabilidad
- Reducir estacionalidad de fin de semana
- Mejora en cantidad y calidad del empleo
- Distribución geográfico sectorial de ingresos

CLIENTES Y ACTORES EXTERNOS

PACC Actores

- Contar c/ posicionamiento adecuado en mercados objetivo
- Atractividad para financiamiento e inversores
- Valorado y apoyado a nivel político
- Atractividad para RRHH de calificados
- Comunidad se sienta parte del COP turístico
- Reglas claras y legislación específica
- Infraestructura adecuada

CONOCIMIENTO Y APRENDIZAJE

PACC Actores

- Contar con visión estratégica internalizada por la mayoría de los actores
- Mantener el nivel tecnológico adecuado a la visión estratégica
- Incorporación metódica y continua ..
- Conocimiento adecuado en gestión empresarial y de recursos humanos
- Conocimiento e innovación para estructurar a la propuesta turística
- Internalizar oportunidades de la cooperación público – privado - comunidad

PROCESOS INTERNOS

PACC Actores

- Masa crítica de empresarios alineados con la visión estratégica y liderazgo
- Capacidad de selección y gestión de proyectos nuevos
- Institucionalidad eficaz (articuladores y promotores
- Clima personal e institucional de confianza
- Articulación público-público, público-privado y privado-privado
- Utilización de TICs

Este gráfico sirvió para identificar los factores que requerían una atención especial. Además, el análisis reveló donde el equipo gestor y los actores de un cluster coincidieron y donde no.

5.4 Más información sobre aplicaciones desde la práctica

Para mayor información sobre las aplicaciones de la Brújula de la Competitividad, por favor consultar la página web: www.mesopartner.com/es/knowledge-services/tools/compass, en la cual se encuentran estudios de caso del contexto latinoamericano.

Anexos

Anexo 1: Ejemplo plan de actividades (adaptado)

Conocimiento y aprendizaje						
Factor priorizado	Actividad	Responsable	Colaboración	Recursos	Fecha	¿Cómo sabemos que hemos empezado?
Acceso a capacitación para mejorar el resultado de nuestras cadenas productivas	Capacitación y asistencia técnica basado en estudios de nuevas variedades	La Oficina Agraria	Municipalidad, Cepicafé	Humanos Logísticos, Financieros o económicos USD 2000.00	Julio 2009	Evaluaciones de campo
	Taller mostrativo en tecnología productiva	Cepicafé asociado con el tecnológico Lizardo Montero	Municipalidad	USD 2000.00	Agosto 2009	Participantes convocados
	Gestión e intercambios para experiencias productivas	InWEnt	Cepicafé	USD 5000.00	Noviembre 2009	Primer intercambio organizado

Factor priorizado	Actividad	Responsable	Colaboración	Recursos	Fecha	Cómo sabemos que hemos empezado?
Objetivo de desarrollo interiorizado por las organizaciones de productores y actores externos	Promover incorporación de aspectos del DEL en la currícula de las instituciones educativas	Universidad de Piura	REMURPE Pidecafé	USD 1000.-	Octubre 2009	Proyecto de cambio de currícula presentado
	Involucramiento red técnica DEL para Dº de capacidades e intercambio de experiencias	REMURPE Municipalidad de Montero	Cedepas Pidecafé	USD 5000.-	Mayo 2009	Personas registradas en red técnica

Área Procesos Internos						
Factor priorizado	Actividad	Responsable	Colaboración	Recursos	Fecha	¿Cómo sabe-mos que hemos comenzado?
Que el presupuesto participativo se oriente a las cadenas productivas priorizadas	- Participación en el proceso del Presupuesto Participativo - Apoyo en búsqueda y elaboración de propuestas productivas: café, caña, cacao y ganadería orientado a la mancomunidad	Municipalidad Montero Productores	Comité Zonal ONGs Cepicafé Pidecafé	Logístico Potencial Humano Económico USD 200.-	Abril 2009	Haber participado en el proceso
Consolidación y ampliación del sistema organizativo de los productores	Capacitación a organizaciones de productores	Escaes Catamayo Chiro Cedepas Pidecafé	Municipalidad Comité Zonal Organizaciones de base	Logístico Potencial Humano Económico USD 2000.-	Marzo 2009	Registro de asistencia, Actas
	Asistencia Técnica a productores	Municipalidad Cepicafé Pidecafé		Humano USD 4000.-	A partir de junio 2009	Primera visita a productores realizada

	Actividad	Responsable	Colaboración	Recursos	Fecha	¿Cómo sabemos que hemos comenzado?
	Sensibilización a los productores no organizados	Comité Zonal Municipalidad	CEPICAFÉ	Humano Logístico USD 500.-		Evento de sensibilización convocado
Canales fluidos de comunicación e información	Implementar un programa informativo hacia los productores	Municipalidad Cedepas	Comité zonal Organizaciones de base ONG	Logístico Potencial Humano Financiero USD 1500.-	Marzo 2009	Reuniones de información
Actividades en curso o planificadas para el 2009 en Montero (desde las instituciones de apoyo)[12] - Mejoramiento de infraestructura módulos panela - Asesoría a unidades DEL en municipalidad -Institucionalizar Feria de Panela - Certificación HACCP internacional						

[12] Estas actividades se detallan en el POA de diferentes instituciones de apoyo en el territorio de la mancomunidad.

Relaciones con actores externos

Factor priorizado	Actividad	Responsable	Colaboración	Recursos	Fecha	¿Cómo sabemos que hemos comenzado?
Políticas para ordenar el trabajo con las instituciones del Estado y ONGs	Instalación de mesa de concertación con ONGs	Municipalidad de Montero	REMURPI; Cepicafé, Pidecafe; Cedepas Catamayo Chira	USD 500 – 700.-	Abril - Mayo 2009	Sistemati-zación de la primera reunión
Acceso al crédito formal	Firmas de convenio con instituciones financieras y productores	Productores organizados y no organizados	Productores y entidades financieras	Según las necesidades del productor	Ya se está dando	Cuando se hace efectivo el desembolso
Políticas locales que promuevan el objetivo	Qué el presupuesto participativo se oriente a las actividades agropecuarias/cadenas productivas	Los productores y la municipalidad de Montero		Según la necesidad de la propuesta /política	Agosto – Sept. 2009	Inmediata-mente después de la aprobación de la propuesta o política

Resultados económicos y financieros						
Factor priorizado	Actividad	Responsable	Colaboración	Recursos	Fecha	¿Cómo sabremos que hemos comenzado?
La situación ambiental y socio-económica de las familias de Montero mejorada, teniendo mayores ingresos	Invertir en las cadenas productivas priorizadas	Productores organizados	Municipalidad Montero Pidecafé Cepicafé Solcode Foncodes	Humano y económico	Enero 2009	Características fisiológicas de la planta
	Reciclar los sub-productos de los procesos productivos: ejem. Pulpa de café: para abono Bagacilla y cachaza: alimento para Ganado	Productores organizados	Municipalidad Montero Comunidades Cepicafé Pidecafé	Humano USD 1500.-	Junio 2009	Cuando no existan residuos que afecten el medio ambiente
	Invertir en Manejo Integral de plagas y enfermedades en el cultivo de cacao.	Productores organizados	Municipalidad, Pidecafé Cepicafé Foncodes	Recurso Humano, abonos, herramientas, insumos USD 2000.-	Enero 2009	Reduciendo enfermedades en el cultivo

Anexo 2: Lista de materiales para un taller de La “Brújula:

Para un taller de 25 personas se necesita:

Equipos de capacitación:

4 Paneles/biombos o en su defecto: paredes para los papelógrafos
1 Data-Show
1 Laptop
1 Pizarra Acrílica (si posible)

Materiales de capacitación:

Cantidad	Materiales
30	Pliegos papel sábana o rotafolio blanco
30	Plumones; colores negro, rojo, azul
400	Chinches para panel
800	Tarjetas metaplan rectangulares de 5 colores
30	Tarjetas metaplan largas, 5 colores
100	Tarjetas metaplan ovaladas de 5 colores
20	Pliegos de papel marrón, tipo Kraft para panel (118 – 140 cm)
1	Rollo de cinta embalaje transparente
4	Rollos de cinta masking
1	Set de útiles de escritorio con tijera

1	Banner del evento
25	Lapiceros
25	Manuales “La Brújula de la Competitividad”
25	Certificados
25	Impresiones hojas de evaluación
25	Carpetas
25	CDs en blanco

mesopartner monographs

no. 1 **Creating Prosperous Towns. How to launch and sustain local economic development in developing and transformation countries**

Jörg Meyer-Stamer

no. 2 **Building Competitive Rural Locations. Local economic development around agriculture and agriprocessing: examples and concepts**

Edited by Jörg Meyer-Stamer

no. 3 **Value Chain Promotion. Principles and Practice at National and Territorial Level**

Jörg Meyer-Stamer

no. 4 **La Brújula de la Competitividad**. Gestionar el desempeño del desarrollo territorial con éxito

Ulrich Harmes-Liedtke, Anke Kaulard

mesopartner es una empresa de conocimiento que se especializa en desarrollo económico local y regional. Fue fundada en diciembre de 2002 e inscripta en abril de 2003 por el Dr. Ulrich Harmes-Liedtke, el Dr. Jörg Meyer-Stamer y el Sr. Christian Schoen. Los Sres. Frank Wältring, Shawn Cunningham y Colin Mitchell se incorporaron a la firma posteriormente.

Nos dedicamos a proveer conocimiento especializado en desarrollo territorial (desarrollo económico local, desarrollo económico regional, iniciativas de cadenas de valor, etc.). Llevamos a cabo nuestra actividad principalmente en países en vías de desarrollo y transformación, pero también contamos con la experiencia de haber trabajado en países avanzados. Tenemos amplia experiencia en trasladar los conocimientos de un tipo de país a otro distinto.

Nuestra tarea consiste principalmente en desarrollar, poner a prueba y difundir metodologías participativas en torno al tema del desarrollo territorial. Nuestra principal corriente de ingresos proviene de las metodologías de desarrollo y ajuste, impulsadas por las necesidades de nuestros clientes, y de la capacitación y el *coaching* de especialistas locales de países en desarrollo y transformación.

No administramos proyectos de largo plazo en representación de organizaciones donantes. Preferimos proveer nuestro *know-how* a empresas que gestionan proyectos, y a los donantes mismos.

Creemos en la creación de redes de contactos. Colaboramos de manera estrecha con personas individuales y pequeñas firmas de consultoría de todo el mundo. Para comunicarse con nosotros y explorar alternativas de colaboración, envíe un mensaje a: info@mesopartner.com.

www.ingramcontent.com/pod-product-compliance
Lightning Source LLC
LaVergne TN
LVHW101952220826
846093LV00006B/187

* 9 7 8 1 4 4 5 2 6 3 9 7 7 *